M. Antonia Sondermann

Strahlkraft Gott

M. Antonia Sondermann

Strahlkraft Gott

Simone Weil und Madeleine Delbrêl

–

Suchbewegungen zweier Frauen

Impressum

Bibliografische Information der Deutschen Nationalbibliothek:

Die Deutsche Nationalbibliothek verzeichnet diese Publikation in der Deutschen Nationalbibliografie; detaillierte bibliografische Daten sind im Internet über http://dnb.dnb.de abrufbar.

Herstellung und Verlag: BoD – Books on Demand, Norderstedt

ISBN: 978-3-7583-0828-4

Inhaltsverzeichnis

|

Vorwort

Simone Weil und Madeleine Delbrêl haben in ihrem Leben leidenschaftlich nach Gott und der Wahrheit gesucht. Ihr Denken und intellektuelles Ringen wurde von der Strahlkraft Gottes berührt und angezogen. Dies führte jedoch zu völlig verschiedenen Konsequenzen in ihren Lebensentscheidungen. Während Simone Weil sich trotz persönlicher Christuserfahrungen berufen glaubte, auf der Schwelle zum Christ-Sein und zur Taufe zu bleiben, wählte Madeleine Delbrêl nach ihrer Bekehrung den Weg persönlicher Christusnachfolge als eine Intensivierung ihrer Taufberufung. Das Ringen darum, wie man das Phänomen des Atheismus verstehen kann und wie man sich als Christ den Herausforderungen, die dieses für den eigenen Glauben und die Glaubenspraxis bedeutet, stellt, prägten ihr weiteres Leben und denken.

So ist es reizvoll, diese beiden unterschiedlichen Denkansätze in einem Buch gegenüberzustellen, obgleich die Beiträge als separate Aufsätze entstanden sind. Es wird deutlich, wie sehr das Ergriffenwerden von der Faszination Gottes die Überlegungen beider Autorinnen prägt und zu einer ganz eigenen originellen sprachlichen Ausdrucksgestalt führt., die von einer prophetischen Kraft zeugt, die bis heute nichts an Aktualität eingebüßt hat.

Antonia Sondermann

Simon Weil, Der Schlüssel zu den geistigen Dingen – Gedanken zur dunklen Nacht

1. Biografische Verortung des Themas

1.1 Auseinandersetzung mit dem Christentum

Auf einer Italienreise im Frühjahr 1937 beginn Simon Weil zum ersten Mal sich existenziell-persönlich, nicht nur intellektuell mit dem Christentum auseinanderzusetzen. Ausgelöst wird diese Beschäftigung durch geistliche Erfahrungen, die sie auf die Knie zwingen und ihr eine reine und vollkommene Freude vermitteln. Sie schildert verschiedene Transzendenzerfahrungen und mystische Phänomene, die im Erlebnis einer wirklichen Gottesberührung im Gebet von Person zu Person gipfeln. Dieses Ereignis findet in der Benediktinerabtei Solèsmes statt, in der sie auf das Gedicht *Love* von G. Herbert stößt und beginnt, dies trotz extremer Kopfschmerzen mit besonderer Aufmerksamkeit zu rezitieren.

„Ich glaubte nur ein schönes Gedicht zu sprechen, aber dieses Sprechen hatte, ohne dass ich es wusste, die Kraft eines Gebetes. Einmal, während ich es sprach, ist, ... Christus selbst herniedergestiegen und hat mich ergriffen. In meinen Überlegungen über die Unlösbarkeit des Gottesproblems hatte ich diese Möglichkeit nicht

vorausgesehen: die einer wirklichen Berührung, von Person zu Person, hienieden, zwischen dem menschlichen Wesen und Gott."[1]

Nach dieser *éxperiences spirituelles* ändert sich der Schreibstil Simone Weils. Im Juni 1941 macht sie die Bekanntschaft mit dem Dominikaner-Superior Pater Jean Marie Perrin, der ihr geistlicher Freund, Gesprächspartner und Berater wird. Er ist es auch, der Simone Weil mit den Lehren der katholischen Kirche vertraut macht und sie ersucht, sich mit der Möglichkeit einer Taufe auseinanderzusetzen.

Nach, wie man annehmen darf, gründlicher Prüfung kommt sie jedoch zu der Überzeugung, dass ein Eintritt in die Katholische Kirche nicht ihrer *vocation* entspricht.

„Ich habe es nicht unterlassen können, ihnen die größte Enttäuschung zu bereiten, die Ihnen zu bereiten in meiner Macht stand. Aber bis zu diesem Augenblick, obwohl ich mir die Frage oftmals während des Gebetes, während der Messe vorgelegt habe, oder im Lichte jenes inneren Glanzes, der nach der Messe in der Seele zurückbleibt, so habe ich doch niemals auch nur ein einziges Mal, ... das Gefühl gehabt, dass Gott mich in der Kirche will. Ich habe nie auch nur ein einziges Mal ein Gefühl der Ungewissheit gehabt. Ich glaube, dass

---

[1] UG 50f.

man nun daraus schließen darf, dass Gott mich nicht in
der Kirche will." [2]

1.2 Literarische Zeugnisse der Hinwendung Simone Weils zur Mystik

Erst in dieser Zeit, also relativ spät - 1941/42
beginnt sie mit der Niederschrift der Cahiers, ihrer
Tagebuchnotizen, die sie zwischen November 1941
und Januar 1942 schriftlich fixiert. Diese stellen
einen Spiegel ihres Geistes und ihrer intellektuellen
Beschäftigung dar, sind sie doch eine unsyste-
matische Darlegung ihrer Gedanken, die aus der
konkreten geistig - geistlichen Auseinandersetzung und ihrer aktuellen Lektüre erwachsen und
gleichsam synkretistisch, aphoristisch, in brillan-
ter sprachlicher Dichte, zum Teil ausdrucksschar-
fer Härte und logischer Präzision sprachlicher
Gestalt verleihen, was Ausdruck einer geradezu
verbissenen Suche nach der Wahrheit ist. Um diese
Suche nicht zu gefährden, hatte sich Simone Weil
ausdrücklich gegen jede Form der Suggestion
gewehrt und übernatürlichen Erfahrungen zunächst mit kritisch-skeptischer Distanz gegenüber
gestanden. Aus diesem Grunde hatte sie zunächst

---

[2] UG,58.

sowohl das Gebet als auch die Lektüre der Mystiker vermieden. Simone Weils Verhältnis zum Gebet änderte sich erst während ihres Aufenthaltes bei Thibon. Dort lernte sie das Vater-unser auf Griechisch und wiederholte es tagelang bei der Weinlese.

„Die Kraft dieser Übung ist außerordentlich und überrascht mich jedes Mal, denn, obgleich ich sie jeden Tag erfahre, übertrifft sie jedes Mal meine Erwartung. Mitunter reißen schon die ersten Worte meinen Geist aus meinem Leib und versetzen ihn an einen Ort außerhalb des Raumes, wo es weder eine Perspektive noch einen Blickpunkt gibt."[3]

Nach ihren eigenen mystischen Erlebnissen, von denen sie in ihrer "geistlichen Autobiographie" und im Prolog mit großer Zurückhaltung spricht, änderte sich ihre diesbezügliche Einstellung.[4]

„Im Übrigen waren an dieser meiner plötzlichen Übermächtigung durch Christus weder Sinne noch Einbildungskraft im Geringsten beteiligt; ich empfand nur durch das Leiden hindurch die Gegenwart einer Liebe gleich jener, die man in dem Lächeln eines geliebten Antlitzes liest. Ich hatte nie irgendwelche Mystiker gelesen, weil ich niemals etwas gespürt hatte, das mir sie zu lesen befahl. Auch bei meiner Lektüre habe ich mich

---

[3] UG, 54.
[4] Vgl. CS 9/10.

stets bemüht, den Gehorsam zu üben. Nichts ist dem geistlichen Fortschritt förderlicher; denn ich lese so weit wie möglich nur das, wonach mich hungert, und dann lese ich nicht, ich esse. Gott in seiner Barmherzigkeit hatte mich gehindert, die Mystiker zu lesen, damit mir unwiderleglich klar würde, dass ich diese völlig unerwartete Berührung nicht aus eigenem erdichtet hatte."[5]

Ihre Lektüre und Beschäftigung mit dem heiligen Johannes vom Kreuz entspringt zum einen dem Bedürfnis nach einem geistigen Korrektiv ihrer geistlichen Erfahrungen, über die sie mit keinem Vertrauten direkt zu sprechen wagte, zum anderen aber den Affinitäten, die in seiner Biografie und *forme de pensee* hervortreten. Besonders haben Simone Weil die Ähnlichkeiten im asketischen Lebensentwurf und konsequenten Verhalten, die poetisch-schriftstellerische Veranlagung und der Umgang mit Erfahrungen des Leidens angesprochen. Seine Ausführungen über die Dunkle und die Leere werden prägend für ihr eigenes Verständnis geistlichen Lebens. Wie stark ihre sanjuanistische Prägung war, wird daran ersichtlich, dass sie Juan de la Cruz in den Cahiers allein vierzehnmal namentlich erwähnt. Doch geschieht die Auseinandersetzung mit seinen mystischen Werken nicht systematisch, sondern findet vielmehr aphoristische Erwähnung, so dass man ihr Verständnis und

---

[5] UG, 51.

die Bedeutung, die sie für ihre *Philosophia negativa* bekommen, erst aus dem Textzusammenhang eruieren muss, um sie adäquat verstehen und interpretieren zu können.

2. Der Schlüssel zu den geistigen Dingen – Sanjuanistischer Denkhorizont

„Der Vergleich des heiligen Johannes vom Kreuz über das Holz, das Feuer und den Grad der Wärme ist der Schlüssel zu den geistigen Dingen."[6]

Der Text, auf den Simone Weil anspielt, befindet sich in den Erläuterungen des Kirchenlehrers über die dunkle Nacht des Geistes, in denen er den Purifikationsprozess der dunklen Nacht in einer anschaulichen Metapher illustriert:

„Das stoffliche Feuer trocknet, wenn es das Holz erfasst, dieses zuerst so lange, bis alle Feuchtigkeit herausgeschwitzt, alles Wässrige herausgeweint ist.... Indem das Feuer es allmählich ausdörrt, wird alles Hässliche und Dunkle, was zum Feuer in Widerspruch steht, ans Licht gezogen und ausgetrieben. Schließlich beginnt es zu brennen, es wird erhitzt und von außen her

---

[6] CH II, 247.

entflammt; das Feuer verwandelt es in sich und es wird schön wie das Feuer selbst."[7]

Dieses Bild wird von Juan de la Cruz auf den Verwandlungsprozess bezogen, den der Mensch durchläuft, um in der *unio mystica* in Gott verwandelt zu werden. Er wird von ihm als eine läuternde *peregrinatio* im Sinne des aktiven Durchschreitens und passiven Erleidens einer Finsternis verschiedener dunkler Nächte beschrieben, die sowohl die sinnlichen Fähigkeiten als auch die geistigen Vermögen des Menschen betrifft. Die dunkle Nacht ist ein Bild für den Prozess der Transformatio, der den Menschen in die rechte Disposition für die Theosis versetzen möchte, um Gott zu begegnen. Die umschreibenden Adjektive aktiv und passiv charakterisieren das Verhalten des Menschen innerhalb der dunklen Nacht. Das aktive Eingehen in die Nacht der Sinne und des Geistes bezeichnet aus menschlicher Perspektive gesehen den *Weg des Nein*, auf welchem sich der Mensch durch eine ständige *conversio morum* auf seine Hineinverwandlung in Gott vorbereitet. Als homogene Entfaltung der Taufgnade vollzieht sich die Aktivität in Selbstaufgabe, innerlich bejahtem Verzicht, Askese, Entleerung von allen zeitlichen, natürlichen, sinnlichen wie geistigen Neigungen, Anhänglichkeiten und Bindungen.

---

[7] 2 N 10,1.

Durch diese Form der Loslösung und Leere, soll in der Seele eine geistig-geistliche Freiheit und Offenheit für das göttliche Du bereitet werden. Zunächst einmal ist dieser Vorgang des Hinausgehens aus dem eigenen Selbst sehr schmerzhaft, da sich die Seele in der Dunkelheit und in der Einsamkeit der Wüste nach dem Zurückgelassenen sehnt und des Neuen noch nicht gewahr geworden ist.

Doch *„das Lassen des Weges ist das Betreten des Weges. Und das Lassen der eigenen Weise ist das Eingehen ins Ziel."*[8]

Allerdings sind die Leere und das Lassen der eigenen Weise nicht Selbstzweck, sie werden vielmehr von einer gegenläufigen Bewegung Gottes umfangen, der die Liebe und Fülle schlechthin ist und die Seele durch eine transformatio in das Bild seines Sohnes umgestalten möchte. Dieser Aktivität Gottes entspricht menschlicherseits die Grundhaltung der Passivität und Empfänglichkeit. So ist der Mensch im passiven Eingehen in die Nacht, dem *Weg des Ja*, dazu aufgerufen, Gottes Liebe anzunehmen und ihn wirken zulassen. Ist die Seele im Durchschreiten der Nacht, in Selbsthingabe und Annahme der Gotteshingabe entsprechend geläutert und durch Gnade zur Ähnlichkeit der Liebe gelangt, kann ihr Gott in der *unio mystica*, auch *mystische Vermählung* genannt, begegnen. Zunächst

---

[8] Vgl. Juan de la Cruz, II S 4, 5.

kommt es einzig auf die Bereitschaft an, in die Nacht einzugehen und sich der Wüste, der **Leere**, dem Sterben des eigenen Selbst und der Verwandlung zu stellen.

3. Simone Weils Verständnis der dunklen Nacht

3.1 Biblische Vorbilder

Häufig verwendet die Philosophin zur Charakterisierung der Dunklen Nacht die Begrifflichkeit des Sterbens und des Todes, die sie zum einen der Metaphorik Johannes vom Kreuz zum anderen der Heiligen Schrift entnimmt. Zwei Personen kommt für ihr Durchschreiten der Dunklen Nacht eine exemplarische Bedeutung zu: zum einen die alttestamentliche Gestalt Hiobs, zum anderen Jesus Christus selbst.

„Am Ende von Hiobs dunkler Nacht, die er ohne Trost durchschritten hat, offenbart sich ihm die Schönheit der Welt. Man muss durch das vollkommene Elend gegangen sein. ... Es geht darum, auf welcher Stufe die Liebe steht. ... Wie weit diese Liebe auch gehen mag, es gibt einen Augenblick des Bruches, in dem sie überwältigt wird, und dieser Augenblick verwandelt die Liebe

der Seele zu Gott, reißt sie aus dem Endlichen zum Un-
endlichen hin, macht sie in der Seele transzendent."[9]

Die Kenosis Christi, seine Inkarnation und sein
Tod am Kreuz, und das darin zum Ausdruck kom-
mende Durchschreiten der einzigartigen Nacht
Christi werden von Simone Weil für jeden Christen,
der sich in die Nachfolge Christi gerufen versteht,
als der verbindliche Weg angesehen. Kenosis und
Inkarnation bedeuten die völlige Entleerung der
Göttlichkeit, das gewaltige freiwillige aktive Eingehen Gottes in die Dunkelheit und Leere eines
menschlichen Leibes, welches in der hypostati-
schen Union des λογος seine tiefste Ausprägung erfahren hat. Das Leben des Christus als des Weges
stellt nun das Sterben der sinnlichen und geistigen
Natur dar, die in der äußersten Gottverlassenheit
am Kreuz die Vollendung des Erleidens tiefster
Dunkelheit darstellt. „*Mein Gott, mein Gott, warum
hast du mich verlassen!* (Mt 27,46)"

„*Der Mensch kann mit Gott nur eins sein, indem er sich
mit Gott vereinigt, DER SEINE GÖTTLICHKEIT ABGE-
STREIFT HAT (seiner Göttlichkeit ENTLEERT ist). Ich
bin der Weg.*"[10]

Doch da Christus der Weg ist, muss der Mensch
die Dunkle Nacht durchschreiten, um in völliger

---

9   CH II,185.
10   Ebd. II,17.

Leere die Inkarnation des Gottessohnes in der Seele erwarten.

3.2 Simone Weils Interpretation der Dunklen Nacht bei Juan de la Cruz

Simone Weil hat den Purifikationsprozess der Dunklen Nacht mit der Nuancierung des Leidens versehen. Sie ordnet der aktiven Nacht der Sinne und des Geistes den Sühnecharakter, der *passiven* Nacht der Sinne und des Geistes den Erlösungscharakter zu, wobei nicht ersichtlich ist, welchen Sühne- und Erlösungsbegriff sie ihrer Interpretation der Dunklen Nacht zu Grunde legt.

"Die zwei ‚dunklen Nächte' des heiligen Johannes vom Kreuz. Die eine entspricht dem sühnenden Leiden und die andere dem erlösenden Leiden."[11]

Beide Begriffe, Sühne und erlösendes Leiden, werden zur Charakterisierung des Geschehens während des geistlichen Prozesses der Dunklen Nacht gebraucht. Der Begriff „Sühne" wird von Simon Weil mit der Konnotation des freiwilligen aktiven Leidens für Sünden etc., also des bewussten

---

[11] Ebd. II,178.

Herbeiführens von Leere verbunden, während sie unter „Erlösung" die Erfahrung einer passiven, ungeschuldeten Annahme von Liebe, Befreiung und Verwandlung versteht.

„Das Annehmen einer Leere in sich selbst ist übernatürlich. Wo soll man die Energie für eine Handlung ohne Vergeltung finden? Die Energie muss von woanders kommen. Aber es muss zuerst ein Sich-Losreißen, eine Art Verzweiflung da sein, damit zuerst eine Leere entsteht – Leere: dunkle Nacht. ... Man muss eine Zeitlang ohne jegliche natürliche oder übernatürliche Belohnung sein. Dunkle Nacht."[12]

Leere und Dunkle Nacht sind für Simon Weil gleichsam synonyme Begriffe, welche die Disposition umschreiben, in die der Mensch versetzt wird, wenn er den Weg der dunklen Nacht auf sich nimmt. Das Leiden in seiner läuternden und reinigenden Funktion ist kein Selbstzweck, jedoch notwendiger Bestandteil des aktiven Eingehens in die dunkle Nacht der Sinne und des Geistes und ist christologisch fundiert. Zur Umschreibung der geistlichen Pädagogik, die sie im Geschehen der dunklen Nacht erkennt, greift Simone Weil zum drastischen Bild der Dressur mit Zucker und Peitsche zurück:

„Man dressiert kluge Hunde durch Zucker und Peitsche. Man muss den Hund in uns mit Zucker und Peitsche

---

[12] Ebd. I, 343.

dressieren. Es ist gleichgültig, welches von beiden man anwendet. Der Schmerz, den man sich zufügt, ist kein Zweck, nicht mehr als das Vergnügen. Die Dressur ist der Zweck. (Zucker: die angenehmen Gefühle, die gut für die Meditation sind, sagt der heilige Johannes vom Kreuz.) Teilweise hängt das vom Temperament des Hundes ab."[13]

Es geht um das Erlernen des richtigen Verhaltens, die Herbeiführung der geeigneten Disposition, der Vorbereitung, welches durch Zucker und Peitsche geschehen soll. Der Zucker steht für ein Positivum, den Weg des Ja, das passive Eingehen in die Nacht, bei dem die Seele aufgerufen ist, Gottes Gaben in Empfang zu nehmen. Die Peitsche hingegen ist ein klares und anschauliches Bild für eine schmerzhafte Züchtigung, die sich die Seele entweder selbst zufügt oder der sie ausgesetzt wird. Sie symbolisiert ein Negativum, den *Weg des Nein*, der Entsagung, des Verzichts, der Askese, der schmerzhaften Purifikation.

Simon Weil bezeichnet als ein entscheidendes Mittel im Prozess des aktiven Eingehens in die dunkle Nacht die Pflicht, die dem Menschen zur Selbstverleugnung und Abtötung des Ich gegeben ist.

---

[13] Ebd. II, 276.

*„Die Pflicht ist uns gegeben, damit wir das Ich abtö-
ten."*[14]

3.3 Erscheinungsformen der Nacht

*„Der zerstörerische Lauf der Zeit ist es, der die Seele tö-
tet."*[15]

Die Zeit ist die Realisationsform des Sterbens der
Seele. Diese wird durch Leere und Dunkelheit für
den Einbruch der göttlichen Transparenz disponi-
bel und kann sich in äußeren Erscheinungsformen
des *maleur* manifestieren. Das Ausharren in der
Leere und das Erleiden des vollkommenen Elends
ohne Trost offenbaren die Liebe und das Vertrauen
der Seele. Im „umsonst" und im „trotzdem" wird
die Sinnlosigkeit der Nacht *ad absurdum* geführt,
besiegt und vom feurigen Licht der Gottesliebe
durchdrungen.

*„Es gibt eine Zeit, in der die Seele sich bereits von der
Welt losgelöst hat, ohne sich schon an Gott binden zu
können; Leere, grauenvolle Angst (Dunkle Nacht)."*[16]

---

[14] Ebd. II, 248.
[15] Ebd. II, 185.
[16] Ebd. II, 119.

Die Nacht wird von Simone als ein Übergangs-stadium verstanden, in dem die Loslösung bereits vollzogen wurde, wohingegen die göttliche Ein-wohnung noch nicht erfolgt ist. Sie spricht von ei-ner grauenvollen Angst und Leere, welche die Seele angesichts des eigenen Nichts umgreift. Doch die Einsamkeit, in der sie in der Nacht geworfen wird, ist der Ort, an dem sie Gott liebt und wieder von ihm geliebt wird. In dieser Situation, in der die Liebe des Menschen an ihre Grenze gelangt und sich auf das Nichts gerichtet sieht, kommt es zur Berührung mit der Liebe selbst, die jede Grenze sprengt.

„Die Seele, die Gott in der Einsamkeit liebt, wird von ihm in der Einsamkeit wiedergeliebt, das heißt ohne Zwischenglied."[17]

Die Einsamkeit ist die unabdingbare Vorausset-zung, um die Aufmerksamkeit auf Gott zu konzent-rieren und fokussieren. Sie ist eine Form des Lei-dens, das seine läuternde Sinnvermittlung durch das Kreuzesleiden Christi gewinnt.

Eine besondere Form der Entsagung in der dunk-len Nacht ist das Schweigen, welches die Seele in eine Erwartungshaltung stimmt und sie sammelt.

„Die erste Abhilfe ist es, diese Worte zurückzuhalten. (Der heilige Johannes vom Kreuz: Mäßigung der Worte

---

[17] Ebd. II, 119.

ist weit mehr wert als das Fasten und die Selbstzucht.)
So sammelt man Energie. DAS IST SEHR SCHWIERIG.
Von dem, was einem am meisten bedeutet, gerade so
viel sprechen, wie nötig ist, um sich vor sich selbst zu
verpflichten, und keine Spur mehr.“[18]

Durch eine solche Grundhaltung des Horchens
und der leeren Empfänglichkeit, sammelt man nach
Simone Weil Energie.

„Man setzt Energie in sich frei – dann ein bisschen
mehr – dann noch ein bisschen mehr. Aber sie bindet
sich unaufhörlich neu. Wie kann man sie ganz und gar
freisetzen? Man muss danach verlangen, dass dies in
uns geschieht. Wirklich danach verlangen, nicht versu-
chen, es zu tun. Nur daran denken. Denn jeder Versuch
in diese Richtung ist vergeblich und muss teuer bezahlt
werden. In einem solchen tun muss alles, was von mir
‚Ich‘ genannt wird, passiv sein. Nur Aufmerksamkeit ist
von mir gefordert, eine Aufmerksamkeit, die so voll-
ständig ist, dass das ‚Ich‘ verschwindet.“[19]

Simone Weil gebraucht den Begriff der Energie in
ihrer Philosophie synonym für Gnade. Sünde hin-
gegeben ist Engergieverlust, Leere jedoch die Wie-
derherstellung von Energie. Das aktive Eintreten in
die dunkle Nacht und die damit verbundene Disposition der Leere, dienen der „Energiegewinnung“.

---

[18] Ebd. II, 50.
[19] Ebd. II, 57.

Eine wichtige Dimension der Leere betritt auch die sprachliche Ausdrucksgestalt des Redens: das Schweigen. Das Schweigen als eine Leere an Worten, sammelt in der Seele die göttlichen Worte, die Gnade, die Energie Gottes. Jeder Versuch, Dimensionen des Unsagbaren auszusprechen, bedeutet Energieverlust und zerstört in der Seele die Disposition der Leere. Daher mahnt sie auch zu einer Askese des Denkens und zur Grundhaltung der Aufmerksamkeit in der Nacht, die Ermöglichungsbedingung für die rechte Disposition und Wahrnehmung der Seele ist.

„Sich selbst eine solche Gewalt antun? Es muss die Gnade sein, die das tut. Aber dann ohne Schwingungen. Die Gnade erfüllt, aber sie kann nur da eintreten, wo es eine Leere gibt, durch die sie empfangen werden kann, und sie ist es auch, die diese Leere schafft."[20]

Simone Weil bezeichnet diesen Vorgang als sehr schwierig, weil man sich selbst Gewalt antut. Die Aktivität der Imagination und Einbildungskraft bedeutet den Tod der Seele. Man muss die Wirklichkeit der Leere und Dunkelheit aushalten und nicht durch Betätigung der Einbildungskraft vor dieser Erfahrung fließen wollen. Es geht im Eingehen in die *dunkle Nacht* nach Simone Weil um die Realisation

---

[20] Ebd. II, 91.

des Schriftwortes nach Mt 16,25: *„Wer sein Leben um meinetwillen verliert, wird es gewinnen."*

4. Dunkle Nacht als Prozess

4.1 „Dunkle Nacht – Anwendung in allen Bereichen."

Dieser geistliche Prozess des Verlierens des eigenen Lebens, des Sterbens, der Läuterung, Reinigung und des Sammelns von Energie umfasst nach Simone alle Bereiche des menschlichen Lebens, den Bereich der sinnlichen Wahrnehmung ebenso wie die geistigen Fähigkeiten.

„Dunkle Nacht – Anwendung in allen Bereichen. Nichthandelnde Tätigkeit – Nicht-eingreifen, id."[21]

„Anwendung in allen Bereichen" postuliert das aktive Eingehen in die Nacht mit allen Sinnen und geistigen Vermögen, während die *„Nichthandelnde Tätigkeit"* dem Paradox der Aktivität in Passivität, der Annahme der hingebenden Liebe und dem

---

[21] Ebd. I, 326.

Geschehenlassen des göttlichen Wirkens Rechnung trägt.

„Dunkle Nacht. Dunkle Nacht im Lernprozess. Der Lehrling, der sich sagt, dass er es nie schaffen wird. zu untersuchen ... Den Tod durch die Unwissenheit über-winden, bezeichnet das vielleicht die dunkle Nacht? ... Man muss durch den Tod hindurch – der alte Mensch muss sterben. Aber der Tod ist kein Selbstmord. Man muss getötet werden."[22]

Simone Weil erfährt die dunkle Nacht als pro-zessuales Geschehen des Lernens, für dessen sprachlichen Ausdruck und Exemplifikation sie zu paradoxen Ausdrücken und Metaphern greift. Ler-nen besteht im Nicht-Lernen, Wissen im Nicht-Wissen. In diesen Dimensionen der Nacht des Geis-tes bedarf es keiner Anstrengung des Lehrlings. Er wäre überfordert, da es ihm nicht möglich ist, den Tod im Sinne einer Leere der geistigen Vermögen selbst herbeizuführen. Es bleibt ihm nur, sie zu er-dulden. Daher verwundert es nicht, wenn Simone Weil das Nicht-denken als das Schwierigste, zu-gleich aber Fruchtbarste dieses Prozesses be-schreibt.

---

[22] Ebd. I, 265.

4.2 Der Weg der Entleerung und das Nicht-Lesen

Der Geist Gottes vermag nur in „Nicht-wissendes-Wissen" einzubrechen, der Tod der eigenen Erkenntnis und das Wissen des Nicht-Wissens sind die Voraussetzung für eine Erkenntnis anderer Ebene, die sie Intuition nennt. Diese Haltung der Entleerung, die man im Prozess der dunklen Nacht einübt, charakterisiert sie als negative Tugend.

„Negative Tugend (in allen Bereichen, einschließlich des Verstandes). Verhältnis zur ‚dunklen Nacht'? Es gibt eines, aber welches? Das Nicht-Lesen."[23]

Das Verhältnis der negativen Tugend zur dunklen Nacht besteht nach Simone Weil im Nicht-Lesen.

Eine Gegenbewegung zur Leere und damit zum aktiven Eingehen in die Nacht ist die Einbildungskraft, die eine Kraft darstellt, die die Wirkung der göttlichen Tugenden täuschen kann und daher der Läuterung der geistigen Fähigkeiten des Menschen im Wege steht, weil sie dazu führt, dass man sich festlegt.

„Selbst wenn man seine Einbildungskraft bei gewissen, als möglich erscheinenden Dingen nur verweilen lässt

---

[23] Ebd. I, 340

..., so bedeutet dies bereits, sich festzulegen. Die Neugier ist der Grund dafür. Sich bestimmte Gedanken verbieten [nicht, sie sich vorstellen, sondern bei ihnen zu verweilen]; nicht denken an. Man glaubt, dass das Denken einen nicht festlegt, doch es allein legt einen fest, und die Freizügigkeit im Denken schließt jegliche Freizügigkeit ein. Nicht denken an, höchst Fähigkeit. Reinheit, negative Tugend."[24]

Dieses Geschehenlassen der Entleerung, aber vor allem zunächst das Aktive Eingehen in die dunkle Nacht des Geistes, wird von der negativen Tugend umgriffen, die die Gnadenhaltung des "NEIN" erst zu ermöglichen vermag. Diese Grundhaltung wird von Simone Weil das "Nicht-Lesen" genannt; sie kann jedoch erst dann einsetzen, wenn die Lesarten in den verschiedensten geistigen Dimensionen entwurzelt sind.

„Die Anwendung... verschiedener Formen des Wahnsinns in der geistigen Askese und in der Mystik entspricht der reinigenden Anwendung des Skeptizismus ... auf philosophische Ebene. Es geht darum, die Lesarten zu entwurzeln, sie zu verändern, um zum Nicht-Lesen zu gelangen." [25]

---

[24] Ebd. I, 309.
[25] Ebd. II, 258.

Der Weg der Entwurzelung besteht im Eingehen in die aktive und passive Nacht, in der man zur endgültigen Einwurzelung in Gott geführt wird.

4.3 Läuterung der geistigen Vermögen im Prozess der Entleerung

Die Grundhaltung auf dem Weg ins Innere ist für Simone Weil die Aufmerksamkeit.

„Ich richte meine Aufmerksamkeit auf diese Sache, von der ich weiß, dass es sie gibt, aber von der ich überhaupt nicht weiß, wie sie beschaffen ist. Diese Aufmerksamkeit ins Leere kann Minuten dauern."[26]

Sie ist eine innere Haltung der nicht betätigenden Betätigung des Willens, ein Wollen ins Leere, eine Erwartungshaltung, die zutiefst mit dem Nicht-lesen verbunden ist.

Doch der Prozess der Entleerung betrifft nicht nur den Willen, sondern auch den Verstand und das Gedächtnis. Alle geistigen Fähigkeiten sollen in der dunklen Nacht mittels der göttlichen Tugenden des Glaubens, der Hoffnung und der Liebe geläutert

---

[26] Ebd. II 285.

werden. Dabei wird in Übernahme der augustinischen Anthropologie dem Willen die Liebe, dem Gedächtnis die Hoffnung und dem Verstand der Glaube zugeordnet.

„Alle drei Tugenden schaffen ... Leere in den Fähigkeiten: der Glaube versetzt im Verstande das Verstehen in Leere und Dunkelheit; die Hoffnung macht das Gedächtnis leer von allem Besitz, und die Liebe entleert den Willen und entblößt das Gemüt von jeder Freude an etwas, das nicht Gott ist."[27]

Die Wirkung der göttlichen Tugenden, kann jedoch nur in der Seele erfolgen, die sich in geeigneter Disposition befindet und in bewusster Nicht-Aktivität das göttliche Wirken an sich geschehen lässt.

Simon Weil richtet den Fokus ihrer Überlegungen mit ihrer assoziativen, synkretistischen Methode primär auf die Läuterung des Verstandes. Sie zieht zu ihrem eigenen tieferen Verständnis der dunklen Nacht einige Verse aus der Isha-Upanischad heran und deutet sie:

„‚In tiefer Finsternis' sich an das binden, was nicht diese Welt ist, und glauben, das man es denkt; etwas denken, indem man davon spricht, während man es doch nicht in dieser Welt liest, das ist eine tiefere Nacht. ‚Durch Nichterkenntnis gelangt man über den Tod

---

[27] Juan de la Cruz, 2 S 6,2.

hinaus', ... Man muss sterben – sich nicht umbringen, sterben, getötet werden, nicht im wörtlichen Sinne, aber beinahe, durch die äußeren Dinge die Kälte des Todes spüren. ‚Durch das Wissen nährt man sich mit Unsterblichkeit.' Auferstehung."[28]

Um ihren Gedankengang verstehen zu können, muss man die Lesart berücksichtigen, die diesem zugrunde legt. In der Finsternis ist das zu denken, was man nicht in der Welt liest. Das kann bedeuten, dass der Gegenstand des Denkens göttlicher Natur ist und dass in der Form des nichtlesenden Denkens eine andere Erkenntnisweise besteht. Die Nichterkenntnis ist als Sterben des Verstandesvermögens in völliger Dunkelheit das Wissen, welches transzendent und unsterblich ist.

Diese Form des Denkens steht dem diskursiven Denken diametral entgegen, ist vielmehr eine durch die Erfahrung der Nacht geläuterte Weise Denkens, die keiner Vermittlung bedarf, sondern sich durch Unmittelbarkeit auszeichnet und lediglich Aufmerksamkeit voraussetzt.

„Eine einzige Sache: eine gewisse Aufmerksamkeit – Sie hat keine unmittelbaren Wirkungen: deshalb die ‚dunklen Nächte' und die unverdienten Gaben. Da die Intuition unmittelbar ist, kann ihr nur eine ‚dunkle

---

[28] CH I, 235.

Nacht' vorausgehen, im Gegensatz zum diskursiven Denken."[29]

Diese intuitive Erkenntnis, eine Gotteserkennt-
nis vermag nach Simone Weil in der dunklen Nacht
gleichsam „von außen" in den Menschen einzu-
dringen, der seine Aufmerksamkeit ins Leere richtet. Ein Erkennungsmerkmal für den menschlichen
Geist, der die Nacht bereits durchschritten hat, ist
ein gereinigter, einfacher und klarer Stil im Ausdruck der eigenen Erfahrungen und der Versprach-
lichung der Gedanken.[30]

4.4 Die Dunkle Nacht des Glaubens und ihre Entsprechung im Atheismus

Der Begriff des Nichtlesens korrespondiert mit dem
des Glaubens.

*„Der Anteil des Verstandes – des Teiles von uns, der be-
jaht und verneint, der Meinungen bildet – besteht nur
in der Unterordnung. Alles, was ich als wahr erfasse, ist
weniger wahr als sie Dinge, deren Wahrheit ich nicht
erfassen kann, die ich aber liebe. Deshalb bezeichnet
der heilige Johannes vom Kreuz den Glauben als eine*

---

[29] Ebd. I, 329.
[30] Vgl. ebd. I, 353.

Nacht. Bei denen, die christlich erzogen wurden, sind die niederen Teile diesen Mysterien verhaftet, obwohl sie keinerlei Recht darauf haben. Darum brauchen sie eine Reinigung, deren Schritte der heilige Johannes vom Kreuz beschreibt. Der Atheismus, die Ungläubigkeit sind eine Entsprechung zu dieser Reinigung."[31]

Hier gibt Simon Weil das Wesen der Dunklen Nacht des Verstandes wieder, die Juan de la Cruz Dunkle Nacht des Glaubens nennt. Nur im Glauben vermag die Seele mit dem Licht der „übernatürlichen" Erkenntnis erleuchtet zu werden, welches das Fassungsvermögen übersteigt.

Indem Simone Weil diesen Gedanken von Juan de la Cruz übernimmt, wendet sie ihn in aller Konsequenz auf das Glaubenswissen, die Mysterien des christlichen Glaubens, an, welches vielfach durch Erziehung vermittelt wird. Dahinter steht die Überlegung, dass der Glaube als solcher nicht vermittelbar ist, ihn der einzelne vielmehr nur im Durchschreiten der dunklen Nacht, der Entblößung von allem (Glaubens)Wissen, in einer Haltung der Leere beim Einwirken der göttlichen Tugend geschenktermaßen erhalten kann. Daher bedürfen jene, die im christlichen Glauben erzogen wurden, einer Reinigung, da sie kein Recht auf den Besitz eines Glaubenswissen, weil ihnen noch die innerlich korrelierende Haltung ermangelt. Simon Weil geht es um

---

[31] Ebd. II 152.

die Reinigung von falschen Gottesbildern und um das Durchdringen zu einer echten Gottesbeziehung! Auf diesem Hintergrund dieser Lesart wird auch die zunächst radikal klingende Äußerung verständlich, dass Atheismus und Ungläubigkeit eine Entsprechung zu dieser Haltung darstellten. Atheismus und Ungläubigkeit als extremste Formen der Leere von jeder Gottesvorstellung, als Bindungslosigkeit, Offenheit, als Haltung des Dunklen Glaubens, als bewusstes Eingehen in die Nacht!

4.5 Simone Weils Verständnis des Glaubens

Was versteht Simon Weil unter Glauben?

„Der Glaube ist eine Haltung aller Teile der Seele, die nicht übernatürliche Liebe sind, im Hinblick auf das, was diese nicht erfassen können und insoweit es nicht erfasst wird. Wenn sie etwas erfassen, handelt es sich um etwas anderes als Glaube, und der Gegenstand entspricht nicht seiner Bezeichnung. Dunkle Nacht."[32]

Ist diese extreme Polarisierung zwischen Glauben und Verstehen nicht ein Hiatus, der in der Tat eine große Gefahr in sich birgt, wenn er aus dem systematischen Kontext der dunklen Nacht

---

[32] Ebd. II, 157.

herausgerissen wird? Selbst wenn dies aber nicht geschieht, droht dann nicht die Gefahr des Positivismus? Denn wenn die Seelenteile zu erfassen meinen, dass sie glauben, würden sie im genuinen Verständnis Simone Weils nicht mehr glauben, weil kein dunkler Glaube mehr vorliegen würde, ein Glaubenswissen. Doch was ist unter einem Glauben zu verstehen, über den man rein rational keine Rechenschaft mehr zu geben vermag? Gibt es einen Glauben ohne Inhalte oder sind die Inhalte so grundsätzlich anderer Natur, dass die Philosophin sie durch äußerste Radikalität *per viam negationis* vor unlauterem Verständnis zu bewahren sucht? Man weiß, dass man glaubt, aber die paradoxe Ausdrucksweise des Gedankens weist darauf hin, dass der Glaubensgegenstand die menschlichen Kategorien sprengt.

"Πιστις. Unterscheidung des Göttlichen in uns (göttliche Eingebungen) und außer uns. Für eine solche Unterscheidung braucht man ein reines Herz. Und zunächst alles beiseite schieben, was offenbart worden ist (der heilige Johannes vom Kreuz). – Darüber hinaus ist πιστις eine Tugend, eine Macht (Berge zu versetzen). Grad der Aufmerksamkeit."[33]

Der Glaube, der die Seele in der dunklen Nacht des Geistes durchdringt, reinigt das Verstandesvermögen und befähigt es, das Göttliche zu erkennen

---

[33] Ebd. II, 125.

und vom nicht-göttlichen zu unterscheiden. Dies ist jedoch ein Vorgang, den man sich nicht als Tätigkeit der Seele zu denken hat, vielmehr erkennt sich der Geist Gottes im dunklen Glauben – als einer *göttlichen* Tugend – in der Seele selbst. Daher postuliert die Philosophin, die Notwendigkeit einer völligen Leere des Glaubens, zu der man nur gelangen kann, wenn man alles beiseite schiebt, was offenbart worden ist. Aus diesem Gedankengang ergibt sich für Simone Weil das Postulat eines "impliziten Glaubens", das mit dem christlichen, auf Offenbarung beruhenden Glaubensverständnis nicht vereinbar ist, das sie in ihren Briefen an P. Perrin erwähnt und beim hl. Franziskus und Juan de la Cruz verwirklicht sieht.[34]

4.6 Gottesverständnis und das rechte Verhältnis des Menschen zu Gott

Der Einsatz der Persönlichkeit im aktiven Eingehen in die **dunkle Nacht** des Geistes muss einzig auf die Entleerung des eigenen selbst gerichtet sein, nicht auf die Person Gottes.

„*Verhältnis zwischen Mensch und Gott. Der Mensch muss seine ganze Persönlichkeit einsetzen, so wie er es*

---

[34] Vgl. UG, 86.

in der Liebe tut, in der Freundschaft, in äußerster Not, die durch Angst, Hunger oder Leiden hervorgerufen wird, in äußerster Freude; aber trotzdem geht es im Gegensatz zu dem, was bei diesen Gefühlen geschieht, nicht um die Persönlichkeit, sondern um etwas anders. Und dieses andere ist notwendigerweise auf etwas anderes als auf eine Person gerichtet. "[35]

Simon Weil will mit diesem sprachlichen Ausdrucksmittel die Göttlichkeit Gottes und seine Distanz zum Menschen wahren. Sie will nicht schlecht von Gott denken und Gott daher nicht durch eine mit dem Personbegriff verbundene Assoziation oder Definition begrenzen. Denn Gottes Allmacht entspricht menschlicherseits nur die Haltung der Gottesfurcht im dunklen Glauben.

Im Gedankensystem Simon Weils muss Gott als Nichts gedacht werden. Er ist das absolute Nichts in Person, da er sich als Dreifaltiger vollkommen liebt, ja die Liebe selbst in Fülle ist. Liebe vermag aber nur in der Fülle einzubrechen. Daher müssen die drei göttlichen Personen in unserer begrenzten Vernunft als Nichts gedacht werden, wobei Gott in sich die Einheit von Nichts und absoluter Fülle umgreift und übersteigt. Die Bestimmung des Menschen sieht sie unter Rückgriff auf platonische Denkkategorien in der Anähnlichung an Gott gegeben, die dann eintreten kann, wenn die Entleerung und

---

[35] CH II, 51.

Entwurzelung durch die dunkle Nacht an ein Ende kommt.

5. Das Ziel der Dunklen Nacht und die Bestimmung des Menschen

"*Wenn man einmal verstanden hat, dass man nichts ist, liegt das Ziel aller Anstrengung darin, nichts zu werden. Zu diesem Zweck nimmt man das Leiden an, zu diesem Zweck handelt man, zu diesem Zweck betet man. Mein Gott, gewähre mir nichts zu werden. In dem Maße, wie ich nichts werde, liebt Gott sich durch mich. Gott ist alles, aber nicht als Person. Als Person ist er nichts. Ομοίωσις θεω.*"[36]

Die Bemühung um die Anähnlichung an Gott ist der Weg zur geistigen Hochzeit, zur *unio mystica*.

„*Die Seele, die für die geistige Hochzeit bereitet ist, denkt immer an Gott, sogar wenn sie es selbst nicht bemerkt – exponentieller Anstieg in den Zuständen der Gnade.*"[37]

Die Gnade ist es also kraft der die Seele im Durchschreiten der Wüste in das Bild des Gottessohnes

---

[36] Ebd. II, 228; Vgl. Platon, Theaitetos 176b.
[37] CH II, 119.

verwandelt wird und die sie auf die Vereinigung mit Gott vorbereitet, sogar so weit, dass die Seele dieser Verwandlung ab einem bestimmten Moment nicht mehr gewahr wird.

„Metapher von Braut und Bräutigam in der Mystik. In sich nur das bewahren, was passiv ist."[38]

Allerdings setzt die Vereinigung Gottes mit der Seele eine bräutlich passive Haltung voraus.

„Der Mensch kann mit Gott nur eins sein, indem er sich mit Gott vereinigt, DER SEINE GÖTTLICHKEIT ABGE-STREIFT HAT (seiner Göttlichkeit ENTLEERT ist). Ich bin der Weg."[39]

Da Christus der Weg ist, muss der Mensch in völliger Leere die Inkarnation des Gottessohnes in der Seele erwarten, die *unio mystica*. Aber Simon Weil geht noch einen Schritt weiter und postuliert:

„Man muss die wahre Göttlichkeit abstreifen, nachdem man sie durch Angleichung erlangt hat, soweit das der menschlichen Natur gegeben ist. Dann findet man die Fähigkeit zu leiden und das menschliche Elend wieder, von denen man erlöst worden war."[40]

---

[38] Ebd. II, 166.
[39] Ebd. II, 217.
[40] Ebd. II, 274.

Das mystische Gotteserlebnis *in statu viatoris* kann nicht festgehalten werden, sondern man muss wieder in die Leere zurückfallen, sie aushalten. Mit diesem Verständnis des Einbruchs der *unio mystica* in die räumlich zeitliche Dimension des Menschen in seiner Vorläufigkeit und Exzeptionalität bleibt unklar, ob Simon Weil die eschatologische Akzentuierung des sanjuanistischen Mystik übernimmt, und ob sie für sie nur Gültigkeit im Hier und Jetzt hat. Aber der Durchbruch ihres Denkens zur Transzendenz- und Gotteserfahrungen , die Erfahrung des individuellen Berührtwerdens von Gott gleichsam von Person zu Person im Durchschreiten der Dunklen Nacht, charakterisieren ihre *philosophia negativa* und lassen sie aufgrund ihrer radikalen Sehnsucht nach der Endgültigkeit und der Entsprechung ihres Seins, ihrer unablässige beharrliche Suche nach der Wahrheit in Verbindung mit ihrem Streben nach Vollkommenheit als eine *Philosophie verborgener Vollkommenheit* aufscheinen.

6. Literaturverzeichnis

6.1 Quellen

San Juan de la Cruz, *Obras completas.*, hg. u. einge-leitet v. Jose Vicente Rodriguez Martínez u. Federico Ruíz Salvador, [7]2019.

Dt. Übersetzung: Johannes vom Kreuz, *Aufstieg auf den Berg Karmel*, hg. u. übers. v. Ulrich Dobhan/Elisabeth Peters, Freiburg 1999 [= S]

Simon Weil, *Œuvres complètes.* Hg.v. André-A. Devaux/ Florence de Lussy. ab 2012 Robert Chenavier Gallimard, Paris 1988ff.

Simon Weil, *Cahiers. Aufzeichnungen I-IV*, 4 Bde. aus dem Französischen übers. u. hg. v. Elisabeth Edl/ Wolfgang Matz, München I (1991), II (1993), III (1996), IV (1997) [= Ch + Bd.].

Simon Weil, *L`attente de Dieu*, Paris 2016.

dt. Übersetzung: Simon Weil, *Das Unglück und die Gottesliebe*, hg. v. Charlotte Bohn, Berlin 2024 [= UG].

Simon Weil, *L`enracinement*, Paris 1949.

Dt. Übersetzung: Simon Weil, *Die Einwurzelung, Einführung in die Pflichten dem menschlichen Wesen gegenüber*, übers. v. Friedhelm Kemp, München 1956 [= EÜ].

Simon Weil, *Die Verwurzelung. Vorspiel zu einer Erklärung der Pflichten dem Menschen gegenüber*, übers. v. Marianne Schneider: Zürich 2011.

Simon Weil, *Lettre a un religieux*, Paris 1951 [= LR].

dt. Übersetzung: Simone Weil, *Entscheidung zur Distanz: Fragen an die Kirche*, übers. v. Friedhelm Kemp, München 1988.

6.2 Sekundärliteratur

Heinz Abosch, *Simone Weil. Eine Einführung*, Wiesbaden 2005.

Walter Buder, *Mystik, Ereignis radikaler Menschlichkeit? Ein theologischer Versuch anhand Simone Weils Leben und Werk.*, Thaur 1990.

Angela Büchel Sladkovic, *Warten auf Gott – Simone Weil zwischen Rationalismus, Politik und Mystik*, Münster 2004.

Wolfram Eilenberger, *Feuer der Freiheit: Die Rettung der Philosophie in finsteren Zeiten (1933–1943)*, Stuttgart 2020.

Ria Endres, *Das Unglück verkleinern. Zur Aktualität von Simone Weil*, Ulm 2009.

Nina Heinsohn, *Simone Weils Konzept der attention*, Tübingen 2018.

Angelica Krogmann, *Simone Weil*, Reinbek 1970.

Marie Cabaud Meaney, *Brücken zum Übernatürlichen. Simone Weil über das Böse, den Krieg und die Religionen*, Aachen 2018.

Simone Pétrement, *Simone Weil. Ein Leben*, Leipzig 2007.

Dorothee Seelhöfer, *Simone Weil: Philosophin – Gewerkschafterin – Mystikerin*, Mainz 1994.

Giorgia Sogos Wiquel, *Simone Weil. Private Überlegungen*, Bonn 2022.

Susan Taubes, *The Absent God*. In: The Journal of Religion. 35 (1955) 6–16. (Nachdruck in: Thomas J. J. Altizer (Hg.): Toward a New Christianity. Readings in the Death of God Theology, New York 1967, 107–119.

Stefanie Völkl, *Gotteswahrnehmung in Schönheit und Leid. Theologische Ästhetik als Lesart der Logik der Liebe bei Simone Weil und Hans Urs von Balthasar*, Freiburg 2016.

Sylvie Weil, *André und Simone – Die Familie Weil*, Leipzig 2010.

Maja Wicki, *Gelebter Widerspruch: Rosa Luxemburg, Simone Weil, Hannah Arendt*, in: Willi Goetschel (Hrsg.): Perspektiven der Dialogik. Beiträge des Zürcher Kolloquiums zum 80. Geburtstag von Hermann Levin Goldschmidt, Wien 1994.

Maja Wicki-Vogt, *Simone Weil. Kontingenz im Widerspruch der Identität*, in: Philosophinnen des 20. Jahrhunderts, 54-85, hg. v. Regine Munz, Darmstadt 2004.

Reiner Wimmer, *Simone Weil. Person und Werk*, Freiburg 2009.

Reiner Wimmer, *Vier jüdische Philosophinnen: Rosa Luxemburg, Simone Weil, Edith Stein, Hannah Arendt*, Leipzig ²1999.

Elisabeth Thérèse Winter, *Weltliebe in gespannter Existenz. Grundbegriffe einer säkularen Spiritualität im Leben und Werk von Simone Weil (1909–1943)*, Studien zur systematischen und spirituellen Theologie 40, Würzburg 2004.

Robert Zaretsky, *The subversive Simone Weil, a life in five ideas*, Chicago 2021.

Glaube in Begegnung mit dem Unglauben nach Madeleine Delbrêl

A Biographische Notizen

1. Atheistisch-nihilistische Grundeinstellung

Madeleine Delbrêl, die am 24. Oktober 1904 in Mussidon in der Dordogne geboren wurde und als Einzelkind katholisch sozialisiert aufwuchs, erlebte sich seit ihrem 15. Lebensjahr als *„vollkommen atheistisch"*[1]. 1920-1921 belegte sie Kurse in Philosophie und Literaturwissenschaften an der Sorbonne, setzte sich mit existenziellen Fragen auseinander, nahm Zeichenunterricht und schrieb Gedichte und Prosatexte. 1922 verfasste sie einen Text mit dem Titel Nachbarn, der ihre damalige nihilistisch-atheistische Geisteshaltung deutlich pointiert zum Ausdruck brachte: *„Gott ist tot – es lebe der Tod"*[2]. Sie postuliert, dass man daher auch nicht mehr so leben darf, als ob Gott lebt.

„Man hat gesagt: ‚Gott ist tot'. Weil das wahr ist, muss man auch den Mut haben, nicht mehr so zu leben, als

---

[1] Vgl. NK 263.
[2] Ebd. 42f.

ob er lebte. Man hat die Frage für ihn geregelt; nun muss man sie auch für uns regeln. Solange Gott lebte, war der Tod nicht wirklich ernst zu nehmen. Der Tod Gottes hat unseren Tod viel sicherer gemacht. Der Tod ist zur sichersten Sache der Welt geworden. Das muss man wissen. Man darf nicht mehr so leben wie Menschen, für die das Leben eine große Sache ist."[3]

In ihren Überlegungen skizziert Madeleine die Lebenseinstellung von Revolutionären, von Pazifisten, Verliebten, Müttern, Vernünftigen, die Dinge von Dauer produzieren, und schließlich von den Leuten, die sich amüsieren und die Zeit totschlagen, bis sie die Zeit totschlägt. Sie selbst rechnet sich zur letzten Gruppe und ist sich sicher, dass der Tod das Erbe Gottes angetreten hat.[4] Die Welt und die Geschichte sind für sie die unheilvollste Farce. Doch selbst hundert noch verzweifeltere Welten hätten sie keinen Schritt weiterbewegen können, falls ihr in dieser Situation ein religiöser Glaube als tröstliche Hoffnung angeboten worden wäre.[5] Doch Madeleine wendete eine – wie sie es nennt – *„elementare Methode"* zur Erkenntnis der Wahrheit an, die sie ihr weiteres Leben begleiten sollte: Verbunden mit der Aufmerksamkeit für die Wirklichkeit verlangt sie sich eine stetige Mühe des Nachdenkens und der vernünftigen Schlussfolgerungen ab. Auf

---

[3]   Ebd. 42f.
[4]   Vgl. NA 53-55; NK 42-44.
[5]   Vgl. AdC 192.

der Suche nach Antworten auf die Rätsel des Lebens bringt sie diese Methode dahin, ihre Ausgangsfrage zu ändern.

„Die Frage: ‚Wie lässt sich beweisen, dass Gott nicht existiert?' wandelt sich in: ‚Existiert Gott?'"[6]

Zwischen diesen beiden Fragen liegt die Begegnung der ungläubigen Madeleine Delbrêl mit mehreren überzeugt glaubenden Christen. Ihre atheistisch-nihilistische Grundüberzeugung ändert sich erst als sie 1922-23 Jean Maydieu kennenlernt, und sie sich verlieben und verloben. Die Auseinandersetzung mit anderen intellektuellen jungen Erwachsenen im Umfeld von Jean Maydieu, die ihren Glauben überzeugt leben beobachtet sie mit dem ihr eigenen Realismus. Sie bemerkt, dass, sie *„weder älter, noch dümmer, noch idealistischer waren"*[7] als sie selbst und dasselbe Leben lebten und ebenso viel diskutierten und tanzten wie sie. Dieses Faktum stand für sie im Widerspruch zu den Überlegungen, zu denen sie gelangt war:

„Gott im 20. Jahrhundert war absurd und mit der gesunden Vernunft sowohl als religiöser Glaube wie als

---

[6]   Vgl. VM 249; AdC 192.
[7]   VM 249; AdC 192f.

philosophische Hypothese unvereinbar, er war unannehmbar, da nicht einzuordnen.“ [8]

Als Jean Maydieu 1925 unvermittelt ihre Verlobung löst, um ins Noviziat der Dominikaner in Amiens einzutreten, löst dies eine tiefe innere Erschütterung bei ihr aus, weil sie die innersten Beweggründe für diesen Schritt ohne Teilhabe am Glauben des Geliebten nicht nachzuvollziehen vermag. Aber die Verzweiflung und das Unverständnis weichen einer Suchbewegung. So bricht ihr Unglaube nach und nach zusammen, weil sie von ihrer Aufmerksamkeit dem Wirklichen gegenüber eine fortgesetzte Anstrengung des Bedenkens und Urteilens verlangte.

2. Perspektivwechsel und Entdeckung Gottes

Ihre Kameraden befassten sich brutal und ausschließlich mit den Schwierigkeiten, die ein Glaube verursacht.

„Ja, sie bewegten sich frei in all dem für mich Wirklichen, doch brachten sie etwas mit, das ich wohl als ‚ihr Wirkliches‘ bezeichnen musste, und was für ein

---

[8] VM 249; AdC 193.

Wirkliches. Sie redeten über alles, aber auch über Gott, der ihnen unentbehrlicher zu schein schien wie Luft. Hätten sie Christus einen Stuhl hingeschoben, er wäre nicht lebendiger gewesen."[9]

Diese Begegnungen führten dazu, dass Madeleine Delbrêl nach einigen Monaten Gott nicht mehr im Absurden lassen konnte und ihre Frage und Lebenshaltung änderte. Dieser Perspektivwechsel führte schließlich zu ihrer Abkehr vom Atheismus, der Entdeckung Gottes und ihrer eigenen Bekehrung:

„*Wenn ich aufrichtig sein wollte, so konnte ich einen Gott, den es möglicherweise gab, nicht behandeln, als sei er mit Gewissheit inexistent. Ich wählte das, was mir den Wandel meiner Perspektive am besten auszudrücken schien: Ich entschloss mich zu beten.*"[10]

Die Entscheidung zum Gebet, zur Behandlung Gottes als eines potentiellen Gegenübers, zu dem man beten kann, lässt Madeleine Gott finden:

---

[9] VM 249f; AdC 193.
[10] VM 252; AdC 194.

„Ich tat es (betete) an jenem Tag und an vielen ande-
ren Tagen, ohne auf die Uhr zu blicken. Seitdem habe
ich lesend und nachdenkend Gott gefunden."[11]

Die Entdeckung Gottes ist für sie identisch mit
der Erkenntnis Gottes als einer lebendigen Wahrheit, die sie umsonst empfangen hat und Gott sowie
den Menschen verdankt, die ihr geholfen haben,
dieser zu begegnen. In Madeleines Weg wird sehr
deutlich, wie in ihr der Unglaube dem Glauben begegnet und dem Glauben weicht.

Madeleine wird nach einer Ausbildung zur Kran-
kenschwester und dem Studium der Sozialarbeit
1932-1937, am 15. Oktober 1933 nach Ivry aufbre-
chen, um dort durch ihre Präsenz in einem kommunistischen Vorort von Paris mit zwei Gefährtinnen
ein christliches Lebenszeugnis in einer atheistisch-
kommunistischen Umgebung zu geben. Bis zum
plötzlichen Tod am 13. Oktober 1964 wird sie sich in
ihrem zu ihren Lebzeiten 1957 publizierten Buch
Auftrag des Christen in einer Welt ohne Gott und in
zahlreichen Konferenzen und Schriften über den
Atheismus in ihren letzten beiden Lebensjahren mit
der Thematik des Atheismus befassen.

---

[11]   VM 252; AdC 194.

3. Wegweisende Begebenheiten

Auf zwei Begebenheiten, die für ihre geistige und geistliche Entwicklung wegweisend waren, um zu einem eigenen Standpunkt gegenüber dem Atheismus durchzudringen, möchte ich an dieser Stelle besonders hinweisen: Es sind für Madeleine Kristallisationspunkte und Wegmarken, an die sie sich in späteren Jahren nur schmerzlich erinnert.

3.1. Gespräch mit einer Kommunistin

Bei der ersten Episode handelt es sich um eines ihrer ersten marxistischen Gespräche überhaupt, welches sie mit einer Kommunistin während des gemeinsamen Bereitschaftsdienstes geführt hat. Diese frage sie:

„‚Wenn sie nun hier weggehen und jemand sie an einer Straßenecke auffordern würde, zwischen ihrer Ideologie und ihrer Haut zu wählen, was würden sie wählen?‘ – ‚Man soll nicht den Klugen spielen wollen, aber ich hoffe, ich würde meine Haut hergeben.‘ – ‚Sehen sie, deshalb verstehen wir uns, denn bei mir ist es auch so.‘"[12]

---

[12] AdC 143.

Madeleine resümiert, dass sich an jenem Tag bei ihr die beiden Hauptelemente in ihren Beziehungen zu den Marxisten festgelegt haben:

1. ihre Glaubensgewissheit

2. die aus ihrem „früheren Atheismus entsprungene glühende Überzeugung, dass Gottes Existenz „*das unvergleichliche Glück ist, das man, sobald man es kennt, psychologisch kaum mehr wählen kann, so eindeutig ist sein Vorrang*".[13]

3.2. Lektüre von Lenin

Die zweite Erfahrung Madeleines ist intellektueller und geistlicher Art, und markiert einen unreparierbaren Bruch und Wendepunkt zwischen ihr und dem Marxismus. Um sich selbst Klarheit darüber zu verschaffen, wie der Atheismus der Kommunistischen Partei einzuordnen ist, kauft sie sich eine Broschüre mit dem Titel „*Lenin und die Religion*"[14]. Die Wirkung dieser Lektüre vergleicht sie mit einem Keulenschlag: Mit einem Mal wurde ihr bewusst, dass der Atheismus nicht nur ein konstitutiver Bestandteil des Marxismus, sondern eines der wesentlichen Elemente seines Ziels ist. Sie erkennt, dass der Atheismus durch die Erziehungsarbeit unter den Mitgliedern verbreitet wird, deren

---

[13] Ebd. 143.
[14] Vgl. W. I. Lenin, Sozialismus und Religion, 1905.

Hauptmittel die Aktion ist. Darüber erschrickt Madeleine zutiefst aus Liebe um ihren Gott, ihr kostbarstes Gut.[15]

B Facetten des Unglaubens

1. Reflexionen der Grenzen ihrer Beobachtungen und Methode

Madeleine Delbrêl geht bei der Darstellung und Analyse ihrer Lebensumwelt wohl überlegt und reflektiert vor. Sie ist sich der Grenzen ihrer eigenen Beobachtungen deutlich bewusst, und fragt, ob die Schlussfolgerungen, die sie in ihrem Werk daraus zieht, aufgrund dessen überhaupt allgemein gültige Geltung haben können. Sie weiß, dass sie nur die Kenntnis des Marxismus an dem konkreten Ort Ivry hat, in dem sie lebt, dass sie nur eine bestimmte Anzahl und bestimmte Typen von Kommunisten kennt, die ihre Überzeugungen vertreten. Aber sie verweist auch darauf, dass sie im Alter von 51 Jahren bereits auf 22 Lebensjahre persönliche Erfahrung im Umgang mit dem Atheismus kommunistischer Ausprägung zurückblicken kann.

---

[15] Vgl. NK 265f.

Aus diesem Grund beginnt sie zu Beginn ihrer Ausführungen mit einer phänomenologischen Milieudarstellung:

Schon „*nach einigen Monaten konnte sie eine große schweigende Mehrheit ohne lebendigen Glauben und ohne militante Ideologie entdecken.*"[16] Madeleine illustriert verschiedene Facetten von Ivry – eine alte, proletarische Stadt, eine Stadt mit atheistischen Bezirken, in denen der Atheismus eine eindrucksvolle Dichte erreicht hat, ein Ort, wo sich der Marxismus festgesetzt hat, weil der Atheismus die Menschen in eine ausweglose Situation gebracht hat, Ivry eine Stadt im Einzugsgebiet von Paris, eine Hauptstadt des Marxismus, eine Schule des Marxismus, ein Milieu, das für die Kirche unzugänglich ist. Kirche und Christus sind „*verbotene Bezirke*"[17]. Madeleine beschreibt die Situation der Katholiken in Ivry, die Qualität der Freiheit, die dort herrscht, schildert die Stadt als ein Versuchsfeld, in der der Marxismus in einem großen Paradox erfahrbar wird: als Doktrin des historischen Materialismus und des wissenschaftlichen Atheismus. Sie grenzt ihre Studie bewusst auf den praktischen Aspekt der Beziehungen zwischen Christen und Kommunisten ein und sieht selbst bei einem Milieu, das kollektiv mit Gott gebrochen hat, eine Skala von Unterschieden im persönlichen Bruch des einzelnen, auf den

---

[16] AdC 48.
[17] Vgl. ebd. 47–61.

gesondert in der Begegnung und im Gespräch zu re-
flektieren ist.

2. Formen des Atheismus in Begegnung und seine Folgen

2.1 Deskriptive, phänomenologische Charakte-risierung des Atheismus

Madeleine Delbrêl beschreibt, dass die Begegnung mit Gott jenseits der wissenschaftlichen Erkenntnis und jenseits des Experimentellen und
Kontrollierbaren gesucht wird, um ihn zu leugnen.
Sein völliges Unangefochtensein von jedem Zweifel
lässt jene Gottleugner jenseits der Grenze rein
menschlicher Sicherheiten dorthin vorstoßen, wo
sich Mögliches und Wahrscheinliches unablässig
messen.[18] Für diese Menschen scheint sich alles so
abzuspielen, als ob es nur diese Erde gibt – jede
Transzendenzerfahrung wird negiert. Zudem leugnen Menschen, die dem totalen Atheismus verfallen
sind, die Grundlage jeden religiösen Glaubens:
nämlich, dass Gott Gott ist.[19]

Die Konfrontation mit der – für sie – größten aller Menschheitsfragen, nämlich nach der Existenz

---

[18] Vgl. ebd. 68.
[19] Vgl. ebd.118.

Gottes, sieht sie vom Atheismus dogmatisch mit Nein beantwortet. Die Frage nach der Wahrheit ist nicht im handlungsleitenden und intellektuellen Fokus. Die Lüge wird als taktische Waffe eingesetzt. Denn die Unterscheidung zwischen Wahrheit und Lüge hat für den Atheisten kein Eigengewicht, vielmehr nur, was sie bewirken: nämlich Erfolg und Misserfolg.[20] Vertreter des Atheismus haben kollektiv oder persönlich mit Gott gebrochen. Es handelt sich hierbei um einen aggressiven Akt gegen Gott, für den jene, die sich an der Leugnung Gottes beteiligen, nach Madeleine Delbrêl keine ursprüngliche Unschuld für sich reklamieren können, aber es muss ihnen ein Anrecht auf Barmherzigkeit zugestanden werden. Gott wird aus Ignoranz öffentlich für abwesend erklärt. Den Bruch zwischen Gott und den Menschen nimmt sie in Frankreich im Vergleich zu anderen Ländern wegen eines offensichtlichen Mangels an Güte als tiefgreifender, ungleichmäßiger aber sogleich differenzierter ausgeprägt wahr.[21]

Madeleine Delbrêl fühlt sich für diese endgültige Abweisung Gottes selbst verantwortlich und sieht auch die anderen Christen bewusst oder unbewusst in Verantwortung für den Tod Gottes. So postuliert sie:

---

[20] Vgl. ebd. 145.
[21] Vgl. ebd. 181.

„Man muss jenen, die Gott verloren haben, ihn als tot oder abwesend erfahren, Gott zurückgeben."[22]

Doch man stößt auf das Phänomen, dass der Atheismus undurchsichtig ist, sich in quasi religiöse Formen kleidet und den Anschein einer Glaubensgesinnung trägt. So charakterisiert Madeleine den Marxismus als ein pseudoreligiöses Lehr- und Aktionssystem, das auf religiöse Weise atheistisch ist. Der auf religiöse Weise atheistische Marxismus ist aber keine falsche Überschrift einer philosophischen Abhandlung, sondern wesentlicher Bestandteil einer Überzeugung. Das Absolute in dieser in der Überzeugung zum Ausdruck gebrachten Verneinung Gottes, ist an sich kein religiöses Faktum, aber stellt eine religiöse Frage.[23] Die Leugnung Gottes, die sich als wissenschaftlich begründet ausgibt, stützt sich auf Hypothesen, die zu Gewissheiten erhoben werden und bekommt auf diese Weise den Anschein einer Glaubensgesinnung. Darin wird Gott von rein menschlichen Interessenforderungen unterdrückt, so dass ein Ungläubiger daraus nicht mehr ableiten kann, dass Gott die Daseinsrechtfertigung für das ist, was sich als Religion oder religiös bezeichnet.[24]

---

[22] Vgl. ebd. 67.
[23] Vgl. ebd. 66-67; 156f.
[24] Vgl. ebd.140.

2.2 Facetten des atheistischen Erscheinungsbildes

Madeleine Delbrêl kennt den Atheismus vor allem in seinem Gewand des Kommunismus, dem sie 33 Jahre ihres Lebens bewusst begegnet ist. Sie fragt sich, woher das andauernde Interesse am Kommunismus stammt, welches dieser weltweit auslöst. Madeleine Delbrêl gibt darauf vier Antworten:

1. Der Kommunismus erzeugt unaufhörlich Angst.

2. Der Kommunismus weckt unaufhörlich Erwartungen.

3. Der Kommunismus ist sowohl eine ideologische Doktrin als auch ein System des Handelns.

4. Der Kommunismus richtet sich auf ein Ziel hin aus und verfolgt es u. a. durch die Neugestaltung der Lebensweise der Menschen.

Die Angst und die Erwartung, die der Kommunismus schüren, besitzen eine bemerkenswerte Weite und Schärfe, so dass dieser in seinem Ausmaß und seiner Stoßkraft noch die üblichen sozialen Phänomene übertrifft, weil er nicht bloß Ursache von Angst oder Erwartung ist, sondern auch von neuer Beunruhigung und von neuem Interesse.

Lenin hat nach Madeleine Delbrêl dem Marxismus die Dynamik des Handelns vermittelt und auf diese Weise für seine rasche Ausbreitung gesorgt. Im Bezug auf die Intelligenz und die Ideen haben Marx und Engels ihrer Ansicht nach eine Art Erschütterung auf dem Weg des menschlichen Denkens ausgelöst. Diese geistige Unruhe habe für sich allein noch zu keinem Ergebnis geführt. Erst Lenin habe aus der von Marx und Engels konzipierten Lehre ein konkretes geschichtliches Ereignis gemacht. Madeleine Delbrêl analysiert Lenins Vorgehensweise und stellt fest, dass dieser sein Leben an die Einsicht seiner Vernunft gebunden hat. Vor allem habe er sich an seine Lehre gehalten. Er sei überzeugt davon gewesen, dass ein einziger Mensch, der fähig wäre, diese Lehre aufzunehmen und weiterzugeben, auf ganz Europa einzuwirken vermag. Er habe nach dem Bild des Apostelnetzes aus marxistischen Schnüren eine Art Propagandanetz geflochten und es mit Erfolg benutzt. Für jeden Knoten dieses Netzes habe Lenin die traditionellsten Elemente der Sendung Gottes verwendet: eine Lehre, einen Menschen, der sie lebt, und einen Menschen, der sie laut verkündet.[25]

Sie unterscheidet zwischen einem kämpferischen und nichtkämpferischen Atheismus, der durch seine bloße Gegenwart die ihn umgebenden Zonen des Glaubens zersetzt. Den Marxismus

---

[25] Vgl. ebd. 98f.

charakterisiert sie als „*immer geräuschvoll, häufig beredt und immer dynamisch.*"[26] Der Atheismus gehört zum integrierenden Bestandteil des marxistischen Systems und seines Zieles. Der Marxismus und die Marxisten bilden durch deren Angehörigkeit zur Kommunistischen Partei eine strenge Einheit. Der Atheismus der Partei besitzt eine gewisse äußere Feierlichkeit durch das einmütige Bekenntnis zu ihm.[27] Wo immer ihrer Ansicht nach der Marxismus vorkommt, neigt er sich zum Atheismus, aber seine antireligiöse Tätigkeit richtet sich nach dem angetroffenen status quo und den konkreten Lebensbedingungen. Frankreich ist ein Einzelfall in Europa, weil es sowohl vom Christentum durchformt als auch mit Revolutionen vertraut ist. Wenn die kommunistische Partei daher in vielen Regionen Frankreichs verwurzelt ist, so ist sie doch jüngeren Datums als der Atheismus. Der dem Marxismus wesensgemäße Atheismus existiert in allen differenzierten Atheismen der Menschen. Doch obgleich der marxistische Atheismus das konstante Element der Wirklichkeit bleibt, wird er erst in der lokalen Form des Atheismus ein restlos Wirkliches und fordert den Menschen zum antwortenden Handeln auf.

Nach Madeleine Delbrêl sind die intellektuellen Irrtümer, denen man unter dem Einfluss der marxistischen Doktrin verfallen kann, nur

---

26 Vgl. ebd. 142.
27 Vgl. ebd.148.

schwer abschätzbar, da dies voraussetzen würden, dass man sowohl sie gut kennt als auch das gut kennt, was sie von außen in sich aufgesogen haben.

Den politischen Marxismus sieht Madeleine Delbrêl vom Geist des Materialismus geformt und geführt, der nicht nur ein Atheismus ist, sondern seinem Wesen nach atheistisch ist. Die Folgen seiner Einwirkung zeigt sich im Leben der Menschen und wird von Gott-Gläubigen als Gegensatz zu den Glaubenswahrheiten erfahren. Der Marxismus ist ein Geist, nicht bloß Materialismus. Madeleine Delbrêl bezeichnet ihn pointiert sogar als *Gegen-Bekehrung*[28], weil er den Menschen nicht auf sein Ziel umkehren will, sondern für seinen Weg und die irdische Zeit. Hinzu kommt, dass der Marxismus nicht nur ein Geist ist, sondern vielmehr der Geist eines Materialismus, der mit allen Verlockungen der Materie wirbt, so dass sich die Alltagswirklichkeiten und die allerprimitivsten Werte an das menschliche Herz klammern und es von Gott weg kehren. Gott hat dort nie einen Platz.

So kann Madeleine Delbrêl fragen: *Wenn Gott nicht mehr da ist, wo soll man den Beweis finden, dass er anderswo weilt?*[29]

---

[28] Vgl. ebd. 167.
[29] Vgl. ebd. 167f.

2.3 Die Wahrnehmung des Atheismus aus christlicher Perspektive

Die Erfahrung des Atheismus und der Gottesverachtung der Marxisten rufen bei Christen einen Schock hervor und können ihn reflexartig zur Anbetung drängen.[30] Der Atheismus wird von ihm als grenzenloses Elend für die Anhänger erfahren. Die Provokation des Atheismus wird als Herausforderungen verstanden und kann dazu beitragen, Gott gerade da zu verherrlichen, wo dieser umsonst versucht hat, ihn zu demütigen. Auf diese Weise macht der Marxismus dem Christen unversehens und brutal die unvergleichliche Bedeutung Gottes und die der Entfaltung seiner selbst bewusst. So ist sich Madeleine Delbrêl sicher, dass ohne die antireligiöse Unternehmung des Marxismus manche Christen ihr Leben verschlafen hätten oder es gleichgültig dahin geschwunden wäre.

Sie betont, dass sich der Kirche lautlos eine Grundgefahr nähert: nämlich die Gefahr einer Zeit und einer Welt, in der Gott nicht mehr geleugnet, nicht mehr verfolgt, sondern ausgeschlossen wird, in der er undenkbar sein wird; die Gefahr einer Welt, in der man Gottes Namen herausschreien möchte, es aber nicht kann, weil kein Platz bleibt, wo man seine Füße hinstellen kann.[31] Daher sollten die

---

[30] Vgl. ebd. 141.
[31] Vgl. NK 233f.

Christen, so ihre Konklusion, in den heutigen neuen Milieus auf die Beziehung zwischen Mensch und Materie achten. Denn diese Beziehung entwickelt sich in völligem Schweigen Gott gegenüber. In einem seltsamen Tausch nimmt die Schöpfung den Raum des Schöpfers ein, aber dieses Schweigen alarmiert die Menschen nicht. Dabei kann der Atheismus aus christlicher Perspektive ein guter Boden für die eigene Bekehrung sein. Aber die Begegnung mit einem absolut gewordenen Atheismus kann nur auf dem einzig ihm angemessenen Boden durchgestanden werden, nämlich dem Felsen des Glaubens. Der Geist des Bösen, der sich im Marxismus manifestiert, hat den Menschen von Gott getrennt und im Namen der Liebe zu den Menschen den Hass gegen Gott gefordert. Vergleicht man den Marxismus mit dem Glauben, so liegen Unterschied und Ähnlichkeit dicht beieinander:

„Der Marxismus hat seine Ansteckung, der Glaube aber seine sich ausbreitende Kraft. Die marxistische Propaganda vermag den Menschen geistig zu beeinflussen, der Glaube aber ist Leben, das sich mitteilen will und ausbreiten kann."[32]

Die Aufgabe der Hoffnung in Bezug auf Gott entspricht keiner göttlichen Logik, aber die göttliche Logik verweist auf die Ordnung des Mysteriums.

---

[32] AdC. 78.

C Madeleine Delbrêls Antwort auf den Atheismus und seine Herausforderungen für den Glauben

1. Madeleine Delbrêls Leitinteresse

Madeleine Delbrêl unterstreicht, das Hauptanliegen müsse es sein, dass jeder Mensch dem von ihr geliebten Gott, der jeden Menschen zuerst geliebt hat, begegnen kann. Eng damit verwoben ist für sie das Problem der missionarischen Lebensfähigkeit eines Christen unter Marxisten und Atheisten, was die Frage aufwirft, wie sich die Anforderungen des Glaubens dort verwirklichen lassen, wo sie auf ein nicht-christlich geprägtes Milieu stoßen.

2. Madeleines Antwort im Umgang mit dem Atheismus

Madeleine betont, dass in vielen Teilen der Welt die Antwort auf den Atheismus oft im totalen apostolischen Akt schlechthin, dem Martyrium, dem Opfer des eigenen Lebens, besteht.[33] Es ist wichtig, dass sich der Christ die Brutalität des Schocks bewusst macht, die in der Begegnung mit dem

---

[33] Vgl. ebd.107.

Unglauben auf ihn zukommt.[34] Sehr drastisch beschreibt Madeleine Delbrêl, dass man vor die Wahl gestellt wird, entweder ein kühnes apostolisches Leben zu führen oder aber aufzuhören Christ zu sein. Es gilt, einen christlichen Lebensstil auszuprägen, der aus dem Glauben an Christus erwächst. Sie ist der Überzeugung, dass *„die Qualität unsers Glaubens, auch die Qualität des aus ihm entspringenden Apostolats"*[35] bestimmt.

„Das Apostolat ist der Glaube, der dem Menschen in dieser Zeitlichkeit nachgeht, um ihn schon heute in der Ewigkeit einzuwurzeln."[36]

Dieser Glaube kennt keinen Stillstand. Man darf den Glauben nicht mit der Nachahmung des Glaubens verwechseln, aber man muss die praktisch übernatürlichen Bedingungen eines Lebens aus dem Glauben annehmen. Die Kirche hat kein Handbuch für rechtes Verhalten.[37] Aber der Einzelne ist in der Begegnung mit dem Unglauben in eine Situation des Kampfes geworfen, der ihn an seine Grenzen bringt und ihm einen elementaren Verrat anbietet: nämlich die Treue gegen den Menschen und die Treue gegen Gott auf die gleiche Ebene zu stellen.[38] Im Umgang mit dem Doppelgebot der Gottes- und Nächstenliebe wird offenbar, dass die Logik des Evangeliums nicht mit jener des Atheismus

---

34 Vgl. ebd. 141.
35 Ebd. 108f.
36 Ebd. 109.
37 Vgl. ebd. 109f.
38 Vgl. ebd. 172.

vereinbar ist. Denn das zweite Gebot ist dem ersten gleich, so dass es nach Madeleine kein echtes Dilemma zwischen dem Wohl der Menschen und einem aggressiven Akt gegen Gott geben kann. Man muss sich der Trennung der beiden Gebote des Herrn mit allen Kräften widersetzen und sie alle beide und in ihrem vollen Umfang halten. Darin erweist sich der Gott eingeräumte Vorrang.[39] So wird sich „*eine stets doppelte Liebe von Gott, dem Erstgeliebten, zu jedem unter all den anderen von Gott Geliebten ausspannen. Immerfort ausgespannt zwischen einem echten Gut und einem wirklichen Übel widersteht man dem Schwindelgefühl und wird zum Vertreter aller, die für Gott keine Stimme haben.*"[40] Auf dem Felsen des Glaubens gegründet muss die ausharrende Geduld eines solchen Christen, der in der Begegnung und Konfrontation mit dem Unglauben lebt, wachsen.[41] Man kann den Menschen zwar nicht Gott und den Glauben geben, aber man kann sich selbst geben[42] und bei ihnen bleiben, mit Gott zwischen sich und ihnen. Um die Worte der lebendigen Liebe Gottes freizusetzen, muss man ihnen gehorchen. Die beiden Gebote der Liebe, haben dann den absoluten Vorrang, der ihnen gebürt, wenn sie frei und gebieterisch im Glaubenden ihre eigene Ordnung errichten können.[43] Madeleine Delbrêl betont, dass Gott nicht nur gegenwärtig und offenbar wird,

---

[39] Vgl. ebd. 171.
[40] Ebd. 171.
[41] Vgl. ebd. 93; 151f.
[42] Vgl. ebd. 183f.
[43] Vgl. ebd. 70f., 93.

sondern dass etwas von ihm für die Menschen sichtbar wird, wenn die Liebe Gottes durch die völlige Unterwerfung des Glaubenden frei wird.[44]

3. Die Herausforderung für das Glaubensleben

In drastischen Worten, die auch fast 60 Jahre nach dem Tod Madeleine Delbrêls nichts von ihrer prophetischen Kraft verloren haben, konstatiert sie, dass man lebt, um im Glauben zu wachsen und diesen zu verkünden. Wenn man dagegen nur versucht, den Glauben zu bewahren und einfach nur Christ zu bleiben, verkümmert der Glaube zumeist und man bleibt kein echter Christ mehr.[45] Das liegt ihrer Ansicht daran, dass das „*Festhalten am status quo*" die tödlichste Einstellung ist, weil sie in Bezug auf den Glauben gegen die Natur ist. Man ist gezwungen, das christliche Leben mit allem in Einklang zu bringen, was heutzutage beschleunigt, momenthaft, unmittelbar ist. Aber man ist nicht gezwungen anders zu glauben, sondern anders zu leben. Und diese christliche Lebensart zu entdecken, ist die Herausforderung in der Begegnung mit dem Unglauben.[46]

---

44 Vgl. LS 155.
45 Vgl. CB 169f.
46 Vgl. AdC 110.

4. Anforderungen für den Glauben

Es gilt nicht, den Glauben bis zum Exzess auf die Bewegung der Zeit auszurichten, sondern sich selbst auf diese Bewegung so auszurichten, dass man den Willen Gottes in dieser Bewegung erkennt, wählt und erfüllt. Man muss lernen, sich an den Glauben anzupassen und den Normalzustand als Verbindungsglied zwischen der Welt und dem Reich Gottes, den man als gewaltsamen erlebt, anzunehmen.[47] Erforderlich ist, den Grund der Fruchtlosigkeit des eigenen Glaubens zu beseitigen, Details in seiner Lebenshaltung zu ändern, vor allem realistisch zu glauben, die Fähigkeit zu besitzen, den Glauben im beschleunigten Tempo der Verhältnisse einzusetzen.[48] Die Voraussetzung, um diesen raschen Realismus des Glaubens[49] zu erlangen, ist die richtige Priorisierung, weg von einem Apriori des Unbeweglichen und Statischen zu einem Apriori der Behändigkeit, um die konkreten Lebenssituationen in der Begegnung mit Atheisten und in den zwischenmenschlichen Beziehungen zu Ende zu leben und voll ausschöpfen zu können.[50] Dazu muss man konvertieren, umkehren, sich bekehren. Eine solche Bekehrung ist für Madeleine Delbrêl ein gewaltsames Ereignis, das durch die Taufe bewirkt wird. Die

---

[47] CB 169f.
[48] Vgl. AdC 197.
[49] Vgl. JC 177f.; Vgl. GwL 109f.
[50] Vgl. AdC 197.

Bekehrung ist der entscheidende Augenblick, der einen abkehrt von dem, was man über sein Leben weiß, damit man Aug in Aug mit Gott von Gott erfahren kann, was er davon hält und daraus machen will. In diesem Augenblick wird Gott zum Allerwichtigsten.[51]

Daher postuliert Madeleine Delbrêl sicherlich unter Rückgriff auf ihr eigenes Bekehrungserlebnis:

„Ohne diesen höchsten, überwältigenden Primat des lebendigen Gottes, der uns einfordert, seinen Willen unserem Herzen vorstellt, damit es in Freiheit Ja oder Nein antworte, gibt es keinen lebendigen Glauben. ... Den lebendigen Glauben haben heißt, von ihm (Gott) geblendet sein, um von ihm gelenkt zu werden.“[52]

Zugleich wird man in dieser Gottesbegegnung mit einer Einsamkeit konfrontiert, die als Sehnsucht des *„danach"* zurückbleibt.[53] Sie ist eine Gnade und ihre Annahme wird von Christen in besonderer Form erwartet, denn die Einsamkeit ist die Voraussetzung dafür, dass christliches Apostolat in einem Milieu des Unglaubens Wurzeln fassen kann. Die Einsamkeit zeigt an, dass der „Andere" fehlt.

---

51 Vgl. NK 267.
52 NK 268.
53 Vgl. IA 101; LS 122; LU 91.

Wenn man im Glauben zur Abwesenheit Gottes Ja sagt, so wird die Einsamkeit zur Fülle der Gottesbegegnung und Erfahrung seiner Gegenwart. Madeleine Delbrêl nennt die Einsamkeit daher die Voraussetzung dafür, um Gottes dunkle Gegenwart in sich erfahren zu können. Aber sie wird ambivalent sowohl als Geschenk, als auch als Prüfung wahrgenommen. Durch das Bekenntnis zu Gott wird man inmitten von Menschen, die in einmütiger Gewissheit Gott leugnen, zu ihrem Gegenspieler. Die Annahme dieser absoluten und sogleich absolut solidarischen Einsamkeit ist mit keiner anderen vergleichbar und ist für Madeleine Delbrêl keine Kleinigkeit.[54] Denn allein zu glauben und im Namen aller anderen zu glauben, das hatte dem Christen seine Einsamkeit kundgetan.[55] So bedeutet für sie den Glauben in einer marxistisch-atheistischen Umwelt zu leben, die Entdeckung, dass er jedes Maß sprengt. Selbst im unscheinbarsten Gläubigen kann man einen Menschen sehen, der einen Akt unermesslicher Tragweite setzt, weil für einen Menschen unter Menschen Gott wieder Gott wird.[56] So kann Madeleine Delbrêl konstatieren:

„Je deutlicher die Undurchsichtigkeit des Atheismus wahrgenommen wird, um so deutlicher entdeckt man

---

54 Vgl. AdC 173.
55 Vgl. NK 62f.; FG 73f.; JC 89f.; GwL 115-117.
56 Vgl. AdC 173.

auch den jedes Maß sprengenden Charakter des Glau-
bens ... .[57]

5. Bilder für den Glauben

Madeleine Delbrêl umschreibt den Glauben sehr plastisch als die Notration jedes Christen, weil er das einzige ist, das die marxistisch-atheistische Ansteckung unwirksam machen kann.[58] Der Glaube bietet dem Menschen seine Wahrheiten und seine Gewissheit. Er wird der Boden für alle Handlungen, ein Boden, den es für dieselben Handlungen bei Ungläubigen nicht gibt.[59]

Vor allem aber ist der Glaube die wahre „*femme pauvre*"[60]:

„*Jedes Volk, jede Kultur und jedes Zeitalter schenken ihr ein Kleidungsstück. Wenn die Zeiten sich wandeln, ist ihr Gewand abgetragen. Sie braucht neue Gewänder, wenn sie sich nicht im Keller verstecken will. Aber ein Gewand ist ein Gewand und nicht sie selbst; wenn das Gewand gewechselt wird, bleibt sie selbst unverändert. So ist es auch mit dem Glauben. Wollte man ihm unter*

---

[57] Ebd. 173.
[58] Vgl. ebd.134.
[59] Vgl. ebd. 109.
[60] Vgl. ebd. 110.

einem alten Gewand etwas von ihm selbst wegnehmen – womöglich die Fähigkeit, im Gewand der jeweiligen Zeit allen Zeiten nahe zu sein, dann wäre er nicht mehr er selbst. Nur ein in jedem zeitlichen Gewand sich selbst bewahrender Glaube kann alle Elemente eines ... christlichen Apostolats in die richtige Perspektive rücken."[61]

Daraus zieht Madeleine Delbrêl den Schluss, dass die Christen keinen neuen oder verjüngten Glauben benötigen, sondern dass sie ihn bloß leben müssen – und zwar mit „*etwas mehr Sinn dafür, wie sehr die Ungläubigen ihn brauchen*"[62].

Wie sehen Madeleine Delbrêls Vorstellungen einer gelebten Glaubenspraxis als Antwort auf die Begegnung mit dem Unglauben aus?

6. Das Gewand der christlichen Lebensart heute – Elemente der Glaubenspraxis für heute

Madeleine Delbrêl formuliert ein geistliches Grundgesetz für eine christliche Lebensart, die aus der Neugeburt der Taufe erwächst. Sie konstatiert, dass der Getaufte selten vollen Gebrauch von allem

---

[61] Ebd. 110.
[62] Ebd. 110.

macht, was ihn zu einem neuen Menschen macht, dass er es nicht sieht und nicht fühlt.[63] Aber zugleich vermag nur der Glaube dem Getauften zu sagen, wer er ist, was er kraft der Taufe vermag und womit es ihm ermöglicht wird. Der Getaufte muss sich schlicht dafür entscheiden, den Willen Gottes zu tun und dann lernen, neu zu leben.

„Indem er das Geheimnis, das er selbst ist, lebt, entdeckt er, dass es mit dem übereinstimmt, was der Glaube darüber sagt.“[64]

Doch leider lässt der Christ Gott oft nur wenig Raum, ja er wird oft im Verstand und Herzen in der Enge und im Schatten gehalten, dabei kann man in der Umkehrung des marxistischen und atheistischen Widerspruchs das Zeichen eines unüberwindlichen Optimismus für Gott entdecken. Ja, die Provokation und Herausforderung des Unglaubens im Zusammentreffen mit den Glaubenden wendet sich nach Madeleine Delbrêl um zur einfachsten und größten aller menschlichen Berufungen, nämlich der Berufung für Gott, zur Berufung zu Gott hin, zur Berufung des glaubenden Menschen, die darin besteht, sich selbst und alles, was existiert an Gott zu binden. So wird die Begegnung mit dem Unglauben auf der einen Seite zum Schock, der den Glaubenden gleichsam reflexartig zur Anbetung drängt und auf der anderen Seite zur Gnade, die die

---

63 Vgl. ebd. 113.
64 Ebd. 113.

Erkenntnis der eigenen Berufung auf neue Weise ermöglicht.[65]

Madeleine Delbrêl gebraucht in diesem Zusammenhang das Bild der „*Tiefenbohrung*". Damit der Ruf Gottes den Menschen erreicht, braucht es Raum für eine Bohrung, eine existenzielle Suche nach Gott, ein Fragen und Hinterfragen, das in die Tiefe der eigenen Existenz gräbt.[66] Zugleich müssen die im atheistischen Milieu engagierten Christen die religiösen Werte, die das Absolute bilden, kennen, damit sie, wenn die Umstände sie drängen, ihren Teil zu übernehmen, auch wissen worum es geht. Es geht darum, den Ruf Gottes nach der Erfüllung des ersten Gebotes zu hören und diesem vollkommen Folge zu leisten. Diese von allen zu befolgende „*Berufung für Gott*" unter den Menschen zu leben, ist nach Madeleine Delbrêl das, was die Welt heute am nötigsten braucht. Sie sieht darin das Lösegeld für heute und das Gegengift für morgen in der Begegnung mit einer säkularen Welt.[67] Wie konkret die christliche Lebensart und die Ausgestaltung der christlichen Glaubensgestalt aussehen soll, hierzu hat Madeleine Delbrêl einige Hinweise aus dem Evangelium entnommen. Ihre Übertragung ins Heute des 21. Jahrhunderts, fast 60 Jahre nach ihrem Tod, bedarf sicherlich der Modifikationen und der genauen Analyse der Ausdrucksgestalt des Glaubens und der Herausforderungen in der

---

[65] Vgl. ebd. 141.
[66] Vgl. GwL 82.
[67] Vgl. AdC 142.

Begegnung mit diversen säkularen Erscheinungsformen des Atheismus. Aber ihre Frage ist aktuell:

Wie lassen sich die Schwerpunkte eines unwandelbaren Glaubens mit einem Leben verknüpfen, das ständig sich wandelnden Bedingungen, bestürzenden Metamorphosen in menschlichen Beziehungen und unabsehbaren Folgen von nicht einmal hypothetisch vorstellbaren Entdeckungen unterliegt? Auch ist die Säkularisierung so weit fortgeschritten, dass ein Gläubiger, der sich von seinem Glauben abbringen lässt, in seiner Nähe nichts mehr findet, was ihm seinen Glauben wieder in Erinnerung ruft, nichts und niemand.

Wesentlich für die eigene Glaubenspraxis heute ist für Madeleine Delbrêl ein Bewusstsein für Mission und Apostolat. In einem Brief an Msgr. Veuillot vom 12. August 1954 schildert sie, wie sie dem Unterschied von Mission und Apostolat auf die Spur gekommen ist:

„Ich habe, glaube ich, verstanden, dass das Wort ‚Apostolat' nicht dasselbe bedeutet wie unser Wort ‚Mission'. Nach und nach ist mir aufgegangen, dass dem, was ich – oder vielleicht was wir – Mission genannt haben, der eigentliche Beweggrund des Apostolats gefehlt hat: die Verherrlichung Gottes, die einen Vorrang hat vor der Verkündigung der Frohen Botschaft und vor dem Heil der Menschen. Diese Perspektive hat mit einem Schlag den Mangel wieder wettgemacht, unter dem die Mission offensichtlich gelitten hatte. Mit ihr sind außerdem die falschen Zuge-

ständnisse zusammengebrochen, indem der erste apostolische Imperativ klar vor Augen trat: Gott soll für die ganze marxistische Welt nicht mehr tot sein." [68]

Wenn man das erste Gebot der Gottesliebe als Getaufter zu erfüllen sucht, möchte man alle am Glück dieser Liebe teilhaben lassen. Die Erfahrung Gottes als reale gegenwärtige liebende Person ist für Madeleine Delbrêl das Motiv für jedes missionarische Apostolat. Doch sie weiß darum, dass angesichts der Begegnung mit dem Unglauben das missionarische Apostolat niemals so unumgänglich darauf angewiesen war, seine Wurzeln in den ureigensten, absolutesten und lebendigsten Bereich des Glaubens einzusenken. [69]

Die Erkenntnis, die Arbeit des missionarischen Apostolats auf sich zu nehmen zu müssen, ist für sie die erste Bedingung des Gehorsams, den man Gott schuldet. Gott schickt jeden Menschen an „Seine" Arbeit. Diese Arbeit ist für alle noch so verschiedenen Sendungen immer dieselbe: Das Evangelium Jesu Christi zu den Menschen zu bringen oder es Menschen zukommen zu lassen, denen es noch nicht verkündigt worden ist. Das Ziel dieser Arbeit besteht in Gottes Verherrlichung. Auf diese Weise

---

[68] OC XIV, 89.
[69] Vgl. AdC 111.

werden viele verschiedene Ungläubige die frohe Botschaft vernehmen.[70]

Doch keiner weiß, wer zum Glauben berufen wird. Denn den Glauben zu geben, steht nicht in der Macht der Menschen. Darin sieht Madeleine Delbrêl die größte Armut: Das, was einem am teuersten ist, kann man ihnen nicht schenken.[71]

Sie betrachtet es als eine ungeheure Anstrengung, die apostolischen Möglichkeiten in Apostolat umzuwandeln. Als einschlägige Mittel dieses Apostolats benennt sie:

1. ein Leben, das das Evangelium bezeugt

2. das Wort Gottes

3. das Bekenntnis des Glaubens, das mit der eigenen Lebenshingabe verbunden ist.

Die christliche Lebensgestaltung bleibt dabei an die Umsetzung der Tugenden gebunden.[72]

Die neuen Lebensumstände soll man mit vollem Wissen annehmen. Man trägt die Verantwortung dafür, erste Spuren christlichen Handelns zu setzen. Madeleine Delbrêl setzt das mit einer Lebenswahl gleich. Die Lebensart muss dem missionarischen Ziel angepasst bleiben. Das ist für sie nicht

---

[70] Vgl. ebd. 125f.
[71] Vgl. ebd. 125f.
[72] Vgl. ebd. 134f.

ohne die „*helfenden Hände des übernatürlichen Lebens möglich.*"[73]

Darunter versteht sie die Tugenden, die der Gläubige mit der Taufe zum Geschenk empfängt.

Die Lebensart muss sich ganz am Evangelium orientieren, damit sich zeigt, worin zum Beispiel christliche Armut, Gerechtigkeit und Liebe bestehen.[74] Madeleine Delbrêl hat selbst erlebt, wie diese christlichen Werte, sogar das Sterben für den anderen aus Liebe zur Gerechtigkeit, von Ungläubigen gelebt werden. Doch sie wurde mit der Erfahrung konfrontiert, dass die Motivation hierfür im Hass gründet. Das Evangelium traf im Kommunismus auf Gewalt, die nicht von Liebe, sondern vom Hass geboren wird, doch es verlangt mit Nachdruck die Liebe jedes Menschen ohne Unterschied.

Für Madeleine Delbrêl wird daraus ersichtlich, dass die Handlungsmotivation des Glaubenden zur Entfaltung seiner apostolisch evangelisierenden Kraft bestimmend ist, aber zu ihrer Eindeutigkeit des Wortes, im Sinne eines klaren, unzweideutigen Bekenntnisses zu Gott bedarf.

Sie verdeutlicht ihre These am Beispiel des Verständnisses der Armut. Das christliche und marxistische Armutsverständnis ist grundverschieden:

---

73 Vgl. ebd. 136f.
74 Vgl. ebd. 112-119.

Während die ganze Botschaft Christi auf der freiwilligen Preisgabe alles dessen hinausläuft, was das Herz des Menschen in Beschlag nimmt, ihn von Gott loslöst und ihn zum Götzendiener macht, so teilt der Marxismus den Willen zur Preisgabe allen Besitzes wegen einer möglichst gerechten Verteilung des Besitzes. Die gegenwärtige Armut und der freiwillig hingenommene Mangel sind der notwendige Beitrag zum Aufbau einer Welt, wo alles zum Gut aller wird. Der christliche Sinn von Armut, ist für Marxisten unannehmbar und unbegreiflich. Denn solche Armut zeugt für Gott als Gott und zeugt für Christus als Gott. Sie bezeugt, dass der Glaube an Gott die Menschen besser macht, dass Gott so gut ist, dass es Menschen gibt, die ihn allem vorziehen. Diese Armut ist eine apostolische Kraft und wird umsonst geschenkt. Wenn der Welt diese christliche Armut fehlt, entsteht ein Mangel an Liebe und diese Liebe zu Gott wird nicht mehr laut herausgeschrien. Daher gehört die Armut des Einzelnen und der Kirche insgesamt nach Madeleine Delbrêl wesentlich zu einem Element christlicher Glaubenspraxis – soll diese als authentisches Zeugnis verstanden werden.[75]

Madeleine Delbrêl ruft nachdrücklich dazu auf, in der Begegnung mit dem Atheismus das Wort zu ergreifen, da sie die Erfahrung gemacht hat, dass das Schweigen in diesem Zusammenhang die häufigste Versuchung gegen die Wahrheit ist. Totales

---

[75] Vgl. ebd. 113f.

Schweigen kann zwar Mut beweisen, aber es ist meist ein halbes Schweigen und kann im Sinne von verschweigen gebraucht werden. Für Marxisten bedeutet Handeln reden. Madeleine Delbrêl verweist darauf, dass man Taten der Zweideutigkeit überlässt, wenn man zu ihnen schweigt, obgleich sie von Worten begleitet werden könnten. Schweigen ist oft eine doppelte Unterschlagung der Wahrheit. Das bezeugende Wort hat tatsächlich eher den Charakter des umsonst Gegebenen als eine Tat ihn haben kann.[76] Daher muss jede Form christlicher Lebensart eine eindeutige, für die Menschen verständliche Sprache gebrauchen, um in den Dialog mit dem Unglauben zu treten und um die Gewähr für die Eindeutigkeit der frohen Botschaft zu leisten.

„Das Evangelium ist das Buch des Lebens des Herrn und ist da, um das Buch unseres Lebens zu werden. ... Wer sich in es vertieft, verzichtet auf das eigene Leben, um ein Schicksal zu empfangen, das Christus zu seiner alleinigen Form hat."[77]

---

[76] Vgl. ebd. 146.
[77] GwL 17f.

7. Literaturangaben

7.1 Schriften Madeleine Delbrêls

Oeuvres complètes de Madeleine Delbrêl, 17. Bde, Bruyères-le-Châtel 2004-2018.

Bd.1: Éblouie par Dieu, Correspondance, Vol. 1 (1910-1941), 2004.

Bd. 2: S' unir au Christ en lein monde, Correspondance, Vol. 2 (1942-1952), 2004.

Bd. 3: Humour dans l'amour - Méditations et fantaisies, 2006.

Bd. 4: Le Moine et le Nagneua, Alcide et ses metamorphoses, 2006.

Bd. 5: Profession assistante sociale, Écrits professionnels 1, 2007.

Bd. 6: Le service social entre personne et société, Écrits professionnels 2, 2007.

Bd. 7: La sainteté des gens ordinaires, Textes missionnaires 1, 2009.

Bd. 8: Athéismes et évangélisation, Textes missionnaires 2, 2010.

Bd. 9: La femme, le prêtre et Dieu, Textes missionnaires 3, 2011.

Bd. 10: La question des prêtres ouvriers. La leçon d' Ivry, Textes missionnaires 4, 2012.

Bd. 11: Ville marxiste terre de mission, 2014 [= VM].

Bd. 12: En dialogue avec les communistes, 2014.

Bd. 13: La vocation de la charité, 2014.

Bd. 14: J'aurais voulu, 2016[= OC XIV].

Bd. 15: Notre vie, 2017.

Bd. 16: Si la charité existe, 2018.

Bd. 17: La conversion du coeur, 2018.

Dt. Textausgaben:

Auftrag des Christen in der Welt ohne Gott. Vollständige und überarbeitete Neuausgabe, Freiburg 2000 [= AdC].

Die Liebe ist unteilbar. Übers. v. Martha Gisi, Freiburg 2000 [= LU].

Der kleine Mönch. Ein geistliches Notizbüchlein. Übers. v. Bernhard Matheis, Freiburg 1991 [= KM].

Frei für Gott. Über Laien-Gemeinschaften in der Welt. Übertr. u. Vorwort von Hans Urs von Balthasar, Freiburg [2]1991 [= FG].

Gebet in einem weltlichen Leben. Auswahl, Übertr. u. Vorwort von Hans Urs von Balthasar, Freiburg [5]1993 [= GwL].

Gott einen Ort sichern. Texte– Gedichte – Gebete, hg. v. Annette Schleinzer, Kevelaer [3]2013 [= GO].

Wir Nachbarn der Kommunisten. Diagnosen. Übertr. u. Vorwort von Hans Urs von Balthasar, Freiburg 1975 [= NK].

Leben gegen den Strom. Denkanstöße einer konsequenten Christin. Übertragung von Katja Boehme, Herder, Freiburg 1992 [= LS].

7.2 Weiterführende Literatur über Madeleine Delbrêl

Katja Boehme, Gott aussäen. Zur Theologie der weltoffenen Spiritualität bei Madeleine Delbrêl, Würzburg 1997.

Katja Boehme: Madeleine Delbrêl. Die andere Heilige. Freiburg. [2]2005.

Katja Böhme, Proposer la foi – Dem Glauben einen Weg bereiten: Madeleine Delbrêl, Freiburg 2006.

Katja Böhme/Thomas Herkert (Hg.), … lauter Sprungbretter in die Ekstase. Alltagsspiritualität nach Madeleine Delbrêl, Würzburg 2015.

Gilles François/Bernard Pitaud, Madeleine Delbrêl, genèse d'une spiritualité, Bruyères-le-Châtel 2008.

Gilles François/Bernard Pitaud, Madeleine Delbrêl. Die Biografie, München 2019.

Gotthard Fuchs (Hg.), „…in ihren Armen das Gewicht der Welt". Mystik und Verantwortung. Madeleine Delbrêl, Frankfurt 1995.

Otto Georgens, Das Evangelium leben mit Madeleine Delbrêl, Ramstein 2003.

Marianne Heimbach-Steins, Unterscheidung der Geister – Strukturmoment christlicher Sozialethik. Dargestellt am Werk Madeleine Delbrêls, Münster 1994.

Bernard Pitaud, Eucharistie et Discernement chez Madeleine Delbrêl, Paris 2010.

Madeleine Delbrêl: Mystikerin der Straße (Zeugen unserer Zeit) Gebundene Ausgabe – 12. Januar 2010

Madeleine Delbrêl, poète, assistante sociale et mystique: Poète, assistante sociale et mystique, Bruyères-le-Châtel 2014.

Annette Schleinzer, Die Liebe ist unsere einzige Aufgabe. Das Lebenszeugnis von Madeleine Delbrêl, Kevelaer 2019.

Annette Schleinzer, Madeleine Delbrêl. Prophetin einer Kirche im Aufbruch, Impulse für Realisten, München ²2018.

Dorothee Steiof, Verherrlichung Gottes. Madeleine Delbrêl und alttestamentliche Texte, Stuttgart 2013.